Qualitative hermeneutische Symbolanalyse

D1672163

Michael Beetz · Tobias Franzheld

Qualitative hermeneutische Symbolanalyse

Methodische Probleme und
sozialwissenschaftliche Strategien

 Springer VS

Michael Beetz
Jena, Deutschland

Tobias Franzheld
Kassel, Deutschland

ISBN 978-3-658-14789-1   ISBN 978-3-658-14790-7   (eBook)
DOI 10.1007/978-3-658-14790-7

Die Deutsche Nationalbibliothek verzeichnet diese Publikation in der Deutschen National-
bibliografie; detaillierte bibliografische Daten sind im Internet über http://dnb.d-nb.de abrufbar.

Springer VS

Lektorat: Katrin Emmerich

Gedruckt auf säurefreiem und chlorfrei gebleichtem Papier

Springer VS ist Teil von Springer Nature
Die eingetragene Gesellschaft ist Springer Fachmedien Wiesbaden GmbH
Die Anschrift der Gesellschaft ist: Abraham-Lincoln-Strasse 46, 65189 Wiesbaden, Germany

Inhaltsverzeichnis

6 Zum Problem der Materialgrundlage

7 Zum Problem der Auswertung

Abbildungsverzeichnis

Vorwort

In den Geistes-, Kultur- und Sozialwissenschaften werden wir alle in vielfältigen Zusammenhängen mit der Aufgabe einer hermeneutischen Analyse von Symbolik konfrontiert. Die Vielschichtigkeit symbolischer Formen stellt indes die Interpreten meist vor erhebliche methodische Probleme. Eine verstehende Deutung hat sich einerseits unweigerlich in die Perspektive der Praxis hineinzuversetzen. Andererseits bedürfte sie zugleich einer unvoreingenommenen Betrachtung, welche die wissenschaftliche Distanz eines externen Beobachtungsstandpunkts voraussetzt. Man muss sich daher durchaus die Frage stellen, inwiefern kulturwissenschaftliche Erkenntnis hier überhaupt möglich sei.

Es entspräche einer geradezu laienhaften Vorstellung, zu glauben, dass kulturelle Muster womöglich mittels eines Automatismus formaler Prozeduren zu entschlüsseln wären. Wer meint, dass symbolische Bedeutungsgehalte sich mit geschultem Blick an den Anzeigetafeln einer objektivierenden Forschungsapparatur ablesen ließen, der unterliegt schlicht einer rationalistischen Täuschung. Gleichwohl sind sämtliche gängigen Ansätze der qualitativen Sozialforschung von der Dichten Beschreibung bis zur Diskursanalyse zumindest implizit mit der Analyse symbolischer Ausdrucksgestalten befasst, denn sozialer Sinn lässt sich empirisch weitgehend nur anhand symbolischer Manifestationen erfassen.

Von daher ist es unsere Überzeugung, dass wir zwar einerseits mit der Symbolanalyse methodisches und methodologisches Neuland betreten, für das jetzt ein Manual vorliegt, mit dem symbolische Ausdrucksgestalten analytisch in den Blick genommen werden können. Andererseits steht dieser Blick auf dem festen Fundament einer rekonstruktiven Forschungshaltung, von wo aus der Schritt zur Symbolanalyse ein folgerichtiges Voranschreiten in der Methodenentwicklung bedeuten kann. Den Gewinn für rekonstruktive Analyseansätze sehen wir überdies darin, dass sich die Symbolanalyse in besonderer Weise als Brückenmethode für ganz unterschiedliche Felder, Gegenstände und Fragestellungen eignen kann.

Während in der Methodendebatte üblicherweise Forschungsansätze immer bereits einen analytischen Gegenstandfokus nahe legen, die Hermeneutik Sinnstrukturen, die Wissenssoziologie kollektive Orientierungen und die Ethnographie beispielsweise feldspezifische Besonderheiten betonen, verhält sich die Symbolforschung illoyal zu einer einseitigen analytischen Fokussierung. Der besondere Gewinn der qualitativen Symbolanalyse liegt kontrastiv dazu in ihrer umfassenden Anschlussfähigkeit an ein vielfältiges Set rekonstruktiver Forschungsanstrengungen. Wir schlagen daher vor, mit der Symbolanalyse bewusst den Pfad methodologischer und forschungspraktischer Engführungen zu verlassen.

Um auf der Rückseite dieser Forderung nicht in die Falle eines methodischen „anything goes" zu tappen, möchten wir das vorliegende Buch als Orientierungshilfe symbolbezogener Forschungsinitiativen verstanden wissen. Allerdings betonen wir auch, dass die Lektüre von Methodenbüchern und das Einhalten dort vorgegebener Prozeduren nur die halbe Miete im Forschungsprozess bedeuten können. Die mitunter ausschlaggebenden Fähigkeiten und Tätigkeiten liegen im kreativen Umgang mit empirischem Material und forschungspraktischen Problemen. Und gerade diese Fähigkeiten lassen sich methodisch nur schwer anregen oder gar umfassend methodisch kontrollieren. Die nachfolgenden Ausführungen sollen daher nicht als Methoden- und Forschungskorsett missverstanden werden, sie sollen stattdessen die praktischen Problemstellungen der Forschung markieren, Strategien ihrer Bewältigung präsentieren und insgesamt den Forschungsprozess unter dem Blickwinkel der Symbolforschung hilfestellend flankieren.

Wir legen hiermit einen methodischen Ratgeber vor, der Handhaben im Umgang mit den typischen Herausforderungen vorstellen möchte. Hierbei werden bewährte Analyse- und Interpretationsstrategien von Ethnographie, Grounded Theory und Objektiver Hermeneutik forschungspraktisch miteinander verbunden. Diese in der Forschungslandschaft üblicher Weise separierten Methodenansätze lassen sich ohne den Ballast dogmatischer Argumentationen in der Analysepraxis gewinnbringend kombinieren, so unsere über eigene Forschungsinitiativen abgesicherte Überzeugung. Die Verfremdungsüberlegung ethnographischer Ansätze, die Feingliedrigkeit hermeneutischer Prozeduren und die konzeptionelle Verdichtung zu einer empirisch begründeten Theoriebildung lassen forschungspraktisch nicht nur die Komplexität von Symbolen aufscheinen, sondern bilden generell ein analytisches Grundgerüst für eine entdeckende und sich dabei selbst reflektierende Sozialforschung.

Der präsentierte Ansatz gründet sich zunächst auf einer Rekapitulation klassischer Ansätze der Ethnologie. Zugleich vergewissern wir uns mit einem überschauartigen Blick auf die Soziologie unterschiedlicher methodologischer Auffassungen, die entweder von einer grundlegenden symbolischen Verfassung sozialer

Wirklichkeit ausgehen oder aber zumindest die Bedeutsamkeit einer symbolischen Vermittlung sozialer Strukturen betonen.

In diesem Sinne kann dieses Büchlein als eine allgemeine Einführung in die qualitative Forschungshaltung und damit verbundene grundlegende Arbeitstechniken gelten. Es ist als kompakter lehrbuchartiger Kurs angelegt, der etwa gängige Materialsorten vorstellt, interpretative Strategien veranschaulicht und Ansätze zur Formulierung sinnvoller Forschungsfragen skizziert. Der inhaltliche Schwerpunkt betrifft dabei durchweg die Komplexität symbolischer Ausdrucksformen und deren interpretativen Erschließung.

Die Schrift versteht sich zugleich aber auch als methodisches Manifest eines offenen Forschungsprogramms, an das sich eine Reihe künftiger Projekte anschließen sollen.

Einleitung 1

Symbolanalyse als übergreifende Forschungsaufgabe in den Geistes-, Kultur- und Sozialwissenschaften

Zusammenfassung

In diesem Kapitel wird die Relevanz von Symbolanalysen für akademische Disziplinen wie die Kunstgeschichte, die Religionswissenschaft und die Volkskunde hervorgehoben. Wir lenken die Aufmerksamkeit auf unterschiedliche Wirkungsweisen und soziale Funktionen von Symbolik. Einige davon haben auch in der Gegenwartsgesellschaft nach wie vor Bestand: die Sozialisation, die Identitätsbildung, die Vergemeinschaftung, die Weltdeutung, die Strukturierung von Räumen, sowie nicht zuletzt die Regulierung von Geschlechterbeziehungen. An ausgewählten Beispielen wird zudem gezeigt, dass symbolische Bedeutungszuschreibungen sich in der Regel erst im praktischen Zusammenhang erschließen. Insgesamt soll das Kapitel verdeutlichen, welche gravierenden methodischen Herausforderungen die Symbolanalyse beinhaltet und warum es sich hier deshalb um eine übergreifende Forschungsaufgabe handelt.

1.1 Symbolik als Forschungsgegenstand – Ausgangsüberlegungen

Was genau ist eigentlich der Gegenstand der Symbolanalyse? Nimmt man das Wort Symbol allzu wörtlich, dann scheint damit einfach ein konkretes Objekt oder eine bildliche Figur gemeint zu sein, mit der sich eine bestimmte Bedeutung verbindet – so wie zum Beispiel das Herzmotiv, das als Symbol der Liebe gilt. Ein Symbol muss obendrein ohne weiteres erkennbar sein, damit es faktisch wirksam werden kann. Aber was gäbe es dann großartig zu forschen? Sofern man in der Praxis gemeinhin ja immer schon weiß, wofür die verwendeten Symbole jeweils stehen, bleibt vermeintlich der Sozialforschung nur übrig, die historischen Hintergründe ihrer Herkunft eingehender zu recherchieren. Gegebenenfalls wären womöglich noch ausgesuchte Leute daraufhin zu befragen, was sie persönlich mit den betreffenden Symbolen verbinden.

Hierzu ein Exempel

Das Herzmotiv wird unter Berufung auf antike Quellen gewöhnlich auf die Form von Feigen- oder Efeublättern zurückgeführt. Manche Personen empfinden seine massive Präsenz als unangenehm kitschig. Über die statistische Verteilung dieser Personengruppe ist sozialwissenschaftlichen Datenbanken (SOEP etc.) leider nichts zu entnehmen, und auch die verfügbaren historischen Quellen dürften bei Weitem noch nicht erschöpfend ausgewertet sein. Ein Fall also für den akademischen Nachwuchs?

Solcherlei sozialwissenschaftliche Untersuchungen hätten wohl zu Recht als ein eher nebensächliches Beschäftigungsfeld zu gelten, zumal hierbei offenbar keine ernsthaften „sozialen" Probleme berührt werden. Ebendies dürfte nun aber die Ausgangsvorstellung so mancher universitärer Kursteilnehmer sein. Als einmal die Absolventen eines unserer qualitativen Methodenseminare die aus ihrer Sicht interessantesten Beispiele für Symbolik zusammentragen sollten, wurden mit Phänomenen wie „vierblättriges Kleeblatt", „Peacezeichen", „Weihnachtsmann" oder „Ring" durchweg recht gegenständliche Formen angeführt. Die Frage nach der Bedeutung solcher Symbole beantworteten die meisten dann mit Hinweisen auf deren Geschichte, wobei sie die zugehörigen Informationen flugs per Suchmaschine aus dem globalen Datennetz bezogen.

Seriöse Studien dieses Strickmusters können durchaus ernsthaften Charakter tragen und langwierige Nachforschungen erfordern. Symbolträchtige kulturelle Artefakte aller Art bilden den Gegenstand sehr spezieller „Kulturgeschichten" und markieren typische Themen der Volkskunde (siehe etwa Köhle-Hezinger 2000). Die thematische Bandbreite reicht von Teddybären und Schokolade bis zu Folterinstrumenten und Pornographie. Der Wappenkunde widmet sich mit der Heraldik gar eine eigene Disziplin. Aus der Zusammenschau des Spektrums symbolischer Formen eines bestimmten Bereichs können zudem umfangreiche Nachschlagewerke über die speziellen Symboliken in der Malerei, von Geheimbünden oder des

Christentums erwachsen. Als Anlass für aufwändige Sammlungen, als Leitmotiv für museale Ausstellungen oder als Stoff für spannende Kultursendungen taugt derlei Forschungstätigkeit allemal.

1.2 Von der dinglichen Symbolauffassung zum relationalen Symbolbegriff

Insbesondere im Rahmen der Religionsforschung beschränkt sich die Symbolanalyse jedoch keineswegs auf eine Katalogisierung von Heiligenbildern, Reliquien und zeremoniellen Utensilien von der Federhaube und der Schamanentrommel bis hin zu Weihrauch und Messwein. Anstelle einer derart dinglichen Auffassung des Symbols rücken anspruchsvollere Ansätze gewöhnlich religiöse Rituale und Mythen in den Fokus (etwa Lévi-Strauss 2008; Turner 2005). Die überlieferten Erzählungen, die Geschichten über den Gang der Dinge, die Lehren der Religionsstifter werden dabei unter Gesichtspunkten der textförmigen Strukturierung eines umfassenden Weltbildes betrachtet. Die vollzogenen Gebräuche und Zeremonien erschließen sich als detaillierte sequenzielle Prozesse, im Zuge derer es zu einer Spiegelung der bestehenden sozialen Verhältnisse kommt, sich kollektive Identitäten formieren und affektive Bindungen erzeugt werden. Die Symbolanalyse befasst sich folglich mit den komplexen Beziehungen zwischen den vielschichtigen mythischen Elementen beziehungsweise den facettenreichen Bestandteilen ritueller Praktiken. Und die aus solchen symbolischen Relationen erwachsende Komplexität lässt sich gegebenenfalls wiederum allein an der Bedeutung eines einzelnen Artefakts wie der Schamanentrommel ethnologisch ausbuchstabieren (Oppitz 2013).

Der religiöse Sinnkosmos erscheint so gesehen gerade für archaische Stammesgesellschaften als eine symbolisch verdichtete Reinform der Gesellschaft insgesamt, Religion fungiert also gewissermaßen als symbolischer Katalysator gesellschaftlicher Strukturen. Und in modernen Gesellschaften wird der betreffende Funktionskreis lediglich um vielfältige quasireligiöse Muster erweitert, die von Esoterik, Folklore und Kitsch bis zu Theater, Popkultur und Sport reichen. In weiten Kreisen der Ethnologie, wo selbst noch der Blick auf die Gegenwartsgesellschaft die verfremdende Distanz des uneingeweihten Beobachters geheimnisvoller Bräuche aufrechterhält, wird entsprechend Kultur per se als symbolisch konstituierte Wirklichkeit begriffen.

1.3   Zur strittigen Relevanz von Symbolik im Zeitalter der Moderne

Vom Standpunkt einer gegenwartsfokussierten Zeitdiagnose können hingegen symbolische Formen jeglicher Art, können insbesondere aber mythengleiche Leitformeln und ritualistische Bräuche leicht als überkommene Relikte archaischer Zeiten erscheinen (hierzu kritisch Douglas 1974). Da infolge von Aufklärung und Rationalisierung Symboliken allenfalls noch der geistigen Abkürzung und der ästhetischen Ausschmückung dienen sollten, drohen sie die Menschen vermeintlich nur zu verblenden und die wahren Herrschaftsverhältnisse zu verdecken. Die säkularisierten Rudimente archaischer Symbolkulturen werden also von kritischen Zeitgenossen gern als bloße Überbleibsel des Irrationalen, des Aberglaubens und als manipulative Mittel versteckter Vorteilsnahme durch dominante Interessengruppen dargestellt. Medienwirksame Debatten entzünden sich daher bereits an der Frage der integrativen Wirkung staatlich inszenierter Gedenkrituale (Winter und Sivan 1999). Der Hinweis auf die pädagogische Relevanz von mikroskopischen Alltagsritualen mag vom bodenständigen Realismus der vorherrschenden Ideologie schlichtweg als esoterische Spinnerei abgetan werden. Für eine intellektueller ausgerichtete Kultursoziologie ist es dann schon eine steile These, dass ein symbolisch verfasstes Wertefundament gleichwohl das Herzstück einer solchen Gesellschaft der kühlen Zweckrationalität sei.

Immerhin haben neben Religion auch andere der „Kultur" zuzurechnenden Angelegenheiten als wesentlich symbolischer Natur zu gelten, zum Beispiel die Sprache oder auch diverse Hobbies (Garten, Aquarium, Fernsehen, Kosmetik), vor allem aber natürlich Musik und Kunst. Entsprechend sind die philosophische Ästhetik, die Literaturwissenschaft, die Kunstgeschichte und die Geisteswissenschaften insgesamt je auf ihre Weise mit Symbolanalyse befasst. Insbesondere geisteswissenschaftliche Disziplinen wie die Semiotik oder die Sprachphilosophie versuchen jeweils die für sie relevanten Aspekte des Symbolischen theoretisch zu erfassen und begrifflich exakt zu definieren.

Dies kann letztlich jedoch nur eine übergreifende Aufgabe der Geistes-, Kultur- und Sozialwissenschaften insgesamt sein, da nur im Kontrast unterschiedlicher Symboltypen über das gesamte Erscheinungsspektrum hinweg sich wirklich die allgemeinen Grundzüge des Symbolbegriffs zeigen. Im Kontext der Kunst erfüllt Symbolik ja ganz andere Funktionen als im Kontext der Politik, in religiösen Zusammenhängen treten selbstverständlich andere Facetten in den Vordergrund als in pädagogischen, und anhand der Massenmedien lassen sich wieder andere Aspekte herausstellen als im Konsum oder gar im Bereich der Erotik.

Dies alles ist Bestandteil der sozialen Wirklichkeit, wenngleich damit weder der allgemeine gesellschaftliche Stellenwert noch das besondere Sinnpotenzial symbolischer Formen bereits im Einzelnen geklärt wären. Die fachinterne Relevanz von Symbolen dürfte aus der Binnensicht einiger geisteswissenschaftlichen Spezialbereiche zwar unbestritten sein, wohingegen deren soziale Effektivität in Anbetracht ihres erhabenen Selbstzwecks weitgehend egal zu sein scheint. Gleichwohl erschließt sich die Symbolik innerhalb eines Romans oder eines Films vorzugsweise im historischen Kontext, ebenso wie die Signifikanz sprachlicher, somatischer oder sonstiger Muster allein im Lichte ihrer lebenspraktischen Einbettung hervortritt. Kurzum: Symbole stehen durchweg in einem Praxiszusammenhang. Es ergibt daher wissenschaftlichen Sinn, sie in einen größeren gesellschaftlichen Rahmen einzuordnen, um die unterschiedlichen symbolischen Spezies gleichsam im Horizont eines hierbei entwickelten allgemeinen Symbolbegriffs zu einem heuristischen Gruppenbild posieren zu lassen, selbstverständlich unter Vermeidung einer rigiden Platzzuweisung durch dogmatische Vorannahmen. Es gilt mithin die Funktionsweise von Symboliken und ihre praktische Bedeutung erst empirisch zu erschließen und folglich zunächst deren konkrete gesellschaftliche Funktionen möglichst offen zu lassen.

Zu diesem Zweck wurde aus bewährten Strategien der Gegenstandserschließung, einschlägigen Interpretationsverfahren und Techniken der Theoriebildung von uns eine spezielle Methodenschule der Symbolanalyse entwickelt, in deren Grundzüge dieses Buch einführen soll. Genau genommen handelt es sich hierbei um keine wirklich neuartige Methodik, sondern vielmehr um ein feldfähig geschnürtes Bündel qualitativer Forschungsinstrumente, das auf praktische Probleme der allgemeinen Symbolanalyse abgestimmt wurde.

Beispiel

Die hiermit einhergehende Forschungshaltung lässt sich exemplarisch verdeutlichen anhand einer kleineren Studie zur „Phänomenologie des Gartenzwergs" (Kleining 1961). Das eher nebensächlich erscheinende Artefakt „Gartenzwerg" wird wohl gemeinhin schlicht als kitschiger Ausdruck kleinbürgerlicher Mentalität aufgefasst. Gemäß der eingangs beschriebenen dinglichen Auffassung vom Symbol hätte die Analyse mutmaßlich schlicht kulturgeschichtlich bei der Figur des Zwerges anzusetzen, dessen Zipfelmütze eine Entlehnung aus dem Bergbau darstellen mag. Es wäre also etwa die Rolle zwergwüchsiger Hofnarren zu rekapitulieren und die mythologischen Hintergründe herauszuarbeiten. Der methodische Clou besagter Studie besteht nun demgegenüber darin, dass sie den symbolischen Sinn von Gartenzwergen frisch aus der Lebenswelt abgreift, indem sie bei der Gartenzwergen allgemein zugeschriebenen Bedeutung ansetzt. Indem einige Dutzend Leute über ihre Vorstellungen von Gartenzwergen und deren Eignern befragt werden, wird das vorherrschende Image des Gartenzwerges objektiviert und in auswertungsfähige Daten umgesetzt.

Wer nicht groß an Sozialforschung glaubt, könnte nun vielleicht erwarten, dass sich im Ergebnis lediglich gängige Klischees vom Spießbürger oder vom bodenständigen Harmoniemilieu bestätigen. Im Zuge der Analyse Kleinings offenbart sich jedoch unmittelbar ein größerer Themenkomplex. Für die Befragten steht der Gartenzwerg nämlich im Wesentlichen für ein zauberhaftes Paralleluniversum, das der entzauberten Realität der Gegenwartsgesellschaft eine geheime Ordnung der liebevollen Beflissenheit entgegensetzt. Indem der Gartenzwerg Attribute des Alters und der Kindlichkeit vereint, erscheint er zeitlos und unzeitgemäß zugleich, er belegt die bestehende Sehnsucht nach einer heilen Welt, das Verlangen nach sinnstiftenden Mythologien, die eigensinnige Behauptung schöpferischer Autonomieansprüche im Reiche der kleingärtnerisch verwirklichten Phantasien. Der Gartenzwerg wird damit geradezu zum Symbol des Symbols.

Denn ein Gartenzwerg ist selbstverständlich keineswegs die einzige Möglichkeit, derartige Ambitionen auszuleben. Ganz ähnliche Bedürfnisse verraten sich ja beispielsweise im Aquarium, im Fußballkult, in Tätowierungen. Es geht hier offenbar durchweg um das Andere der instrumentellen Vernunft, die Kehrseite der kalten Rationalität. Der Gartenzwerg steht also nicht allein und einsam im Vorgarten des richtigen Soziallebens, er verweist vielmehr auf ein dichtes System sinnverwandter Phänomene. Die soziale Welt ist voll von symbolischen Ausdrucksgestalten ähnlicher Natur.

1.4   Wirkungsweise und Funktionen von Symbolik

Aber wozu all die Mühe? An wen richten sich solche Äußerungen symbolischer Art? Welche Bedeutung haben sie noch, außer etwas Sinn in den tristen Alltag einzufügen und die Privatsphäre ein wenig auszuschmücken? Die Funktion und soziale Bedeutung von Symbolik beschränkt sich jedenfalls nicht auf Bekenntnisse zu einer anderen Welt, einem jenseitigen Sinnkosmos. Vielmehr gilt es zudem ihre praktische Wirkungsweise zu erschließen. Dies kann beispielsweise auch mikrosoziologische Selbstversuche beinhalten.

Beispiel

So verzichtete der experimentellere der beiden Autoren einmal eine Zeit lang auf ein Fahrradschloss und band sein Fahrrad stattdessen lediglich mit einer Schleife aus Geschenkband an. Dem Experiment lag die Idee zugrunde, dass ein solchermaßen symbolisch markiertes Objekt theoretisch nicht gestohlen werden könne. Falls doch, dann wäre der Verlust psychologisch gesehen immerhin leichter zu verschmerzen, da das Diebesgut ja gewissermaßen aus freien Stücken als Geschenk dargeboten wurde. Genau dies bedeutete für den Dieb aber umgekehrt, dass seine Tat durch das Opfer bereits symbolisch mit Sinn versehen wurde. Durch die provokante Gabe wird der Empfänger indes tendenziell erniedrigt, da er ja als bedürftig hingestellt wird. Es wird ihm jedenfalls erschwert, seine Aktion als freies Handeln zu begreifen.

Durch das Lösen der Schleife verwandelte sich überdies deren Bedeutung: Aus einer symbolischen Reklamation von Eigentum durch Anbindung wird eine symbolisch offerierte Gabe, was der Anerkennung der hierin symbolisierten sozialen Beziehung gleichkommt. Da diese Beziehung jedoch eigentümlich unbestimmt und anonym bleibt, steht sie letztlich für die zwischenmenschlichen Beziehungen im Allgemeinen, was den Nehmer unwillkürlich zwingt, für sich selbst gleichsam die Reinheit seiner Seele zu prüfen. Die Fixierung des Fahrrads würde seitens potenzieller Diebe zudem den Entscheidungszwang hervorrufen, die Schleife entweder zu belassen oder zu lösen. Die Entwendung erfordert somit eine explizite Entscheidung. Ein freistehendes Fahrrad könnte ja hingegen zunächst spielerisch bestiegen werden, um dann vielleicht eine kleine Proberunde zu drehen und schließlich daraus eine Dauerleihe werden zu lassen. Angesichts der paradoxen und spontan kaum zu erfassenden Bedeutung der Situation ist es demnach praktisch unvorstellbar, dass ein einzelner Passant je dazu verleitet würde, das Fahrrad zu entwenden.

Das Beispiel beinhaltet bereits wesentliche Aspekte jeglicher Symbolik. Diese markiert Ansprüche und Grenzen (Besitzanspruch, Übergang zum Akt des Diebstahls), rahmt Orte und Praktiken (als Parkplatz, als Gabe), bleibt in ihrer Bedeutung aber zugleich selbst abhängig vom Kontext (Schleife als Anbindung oder als Geschenkband). Sie strukturiert zudem soziale Beziehungen und validiert individuelle Grundhaltungen gegenüber der Welt.

1.5   Zur generellen Multidimensionalität des Symbolischen

Die Wirkungsweise von Symbolen betrifft somit ganz verschiedene Dimensionen der sozialen Wirklichkeit. Es ist klar, dass sie ebenso für die Weltdeutung wie für die Identitätsstiftung und die Strukturierung des Alltags unentbehrlich sind, der sinnhaften Verdichtung des Weltgeschehens ebenso dienen wie der kulturspezifischen Transformation des Libido-Komplexes, der Herrschaftslegitimierung und der stilisierenden Vergegenwärtigung von personenbezogenem Status (hierzu ausführlicher Beetz 2014b).

Die übergeordnete Frage jedweder qualitativ hermeneutischen Symbolanalyse bleibt damit letztlich immer:

▶ Welche (soziologische) Bedeutung haben Symbole in einer vermeintlich entzauberten, durchrationalisierten Welt?

Von dieser allerallgemeinsten Frage führen mögliche Antwortansätze zu einzelnen symbolischen Dimensionen sozialer Wirklichkeit, innerhalb derer sich dann speziellere Fragen ableiten lassen, die insgesamt aber auch über die Komplexität gesellschaftlicher Symbolordnungen aufklären.

In der *Dimension der Sozialisation* ergeben sich Fragen zur symbolischen Vermittlung von Grundhaltungen und zur Einübung von Rollen über paradigmatische Erlebnisse, Spiele und sonstige symbolische Konditionierungen. Diesbezügliche Forschungen werden vor allem im Bereich der Pädagogik und der Entwicklungspsychologie verfolgt (exemplarisch Piaget 1975).

In der *Dimension des Weltbilds* ergeben sich Fragen betreffs der geistigen Modellierung, der materiellen Anschaubarkeit und der Selbstbeschreibung sozialer Wirklichkeit. Eine entsprechende Sichtweise wird unter anderem vertreten in der Ästhetik, den Medienwissenschaften und philosophischen Epistemologie (exemplarisch Cassirer 2007).

In der *Dimension der räumlichen Ordnung* ergeben sich Fragen zur symbolischen Konstitution von Zonen und Grenzen, sowie zur ideologischen Funktion der Raumarchitektur. Diese Thematik findet ihren Ort unter anderem in der Sozialgeographie (exemplarisch Werlen 2010).

In der *Dimension der Sexualität* ergeben sich Fragen zur symbolischen Strukturierung von Geschlechterbeziehungen, zur möglichen Funktion von Phantasien und unbewussten Verhaltensmustern, sowie zur kulturellen Überformung der menschlichen Triebnatur. Eine hierauf ausgerichtete Perspektive verfechten unter anderem die sogenannten Gender Studies beziehungsweise die Psychoanalyse (exemplarisch Fromm [1956] 2003). In der *Dimension der Sozialintegration* ergeben sich Fragen zu den Mechanismen einer symbolischen Vergemeinschaftung durch Rituale und Logos. Themen dieser Art werden vor allem in der Religionswissenschaft und der politische Soziologie verarbeitet (exemplarisch Schneider 2006). In der *Dimension der sozialen Identität* ergeben sich Fragen zur Etablierung von institutionalisierten Rangordnungen, kontextbezogenen Rollenverteilungen und zur Reklamation von Bedeutsamkeit durch Statussymbole. Die entsprechenden Aspekte werden unter anderem durch verschiedene Repräsentanten einer akteurszentrierten Soziologie beleuchtet (exemplarisch Bourdieu 1974).

Die Aufzählung erhebt keinen Anspruch auf Vollständigkeit. Es wurde allerdings auch nicht bewusst etwas Wesentliches weggelassen. Zwar werden praktikable Forschungsfragen sich keineswegs starr immer in die vorgesehenen Rubriken fügen, welche indes zur Orientierung eine große Hilfe bieten. Der Versuch, sich zumindest darauf zu beziehen, kann gleichwohl die thematische Präzisierung symbolanalytischer Forschungsaktivitäten erheblich voranbringen.

Die Komplexität symbolischer Ordnungen steigert sich weiter, wenn man unterhalb der skizzierten symbolischen Dimensionen auch ihre Funktionsweise in die Analyse einbezieht. Denn hier ist nicht immer eindeutig zu entscheiden, welcher Wirkungsmechanismus mit dem je konkreten Symbol einhergeht. Dies lässt sich exemplarisch bereits an relativ greifbaren Symbolen, wie den Glücksbringern, illustrieren. Denn bei Glücksbringern kann es sich konzeptionell gesprochen sowohl um Status- als auch um Gemeinschaftssymbole handeln. Selbstverständlich verbietet sich hier die Anwendung intellektueller Gewalt. Der Ertrag von freien Assoziationen ohne ein symbolanalytisches Grundverständnis wäre demgegenüber eher gering einzuschätzen.

Übergeordnete Frage: Welche (soziologische) Bedeutung haben Symbole in einer vermeintlich entzauberten, durchrationalisierten Welt

Glücksbringer als Statussymbole	Glücksbringer als Gemeinschaftssymbole

• Wirkungsweise:
  • Bewältigung gesellschaftlicher Verunsicherungen
  • Rückversicherung lebenspraktischer Bewährungen
  • quasireligiöses, magisches Zeichen
	• Wirkungsweise:
	  • Verweisung auf höhere und größere Gemeinschaften (höhere Mächte)
	  • Vergemeinschaftung des eigenen Schicksals (bspw. Horoskope)

• Problemstellung: Bedarf die Bewältigung der individuellen Lebensführung symbolischer Stützen?	• Problemstellung: Bedarf das Spannungsverhältnis zwischen Individuum und Gesellschaft der symbolischen Anbindung?

Abbildung 1.1   Theorie-Memo zum kategorialen Status von Glückssymbolen (eigene
Darstellung)

Begriffliche Unterscheidungen wie die zwischen Status- und Gemeinschaftssym-
boliken verstehen sich als heuristische Rahmungen, nicht als formalistische Dichotomien. Im Forschungsprozess geht es dann um eine konstruktive Verknüpfung
und gehaltvolle Anreicherung der logischen Begriffsgerüste, um ein gedankliches
Anschmiegen an das, was empirisch der Fall ist.

Wie der eigentümlich zirkuläre Zusammenhang zwischen Fragestellung, Empirie und Materialauswertung profitabel in eine allgemeine Theoriebildung münden kann, hierzu will dieses Büchlein nun die probatesten Strategien präsentieren,
welche ebenso auf typische methodische Herausforderungen qualitativer Sozialforschung gerichtet sind.

Bisher konnte ein gravierendes Hauptproblem der Symbolanalyse hoffentlich
bereits herausgestellt werden: Es mangelt an einem allgemeinen Symbolbegriff, ja
es hapert geradezu am wissenschaftlichen Willen zu einem solchen. Die übliche
Strategie einer akademischen Differenzierung setzt auf abgrenzbare Konzepte,
statt auf eine konstruktive Synthese der bewährten Forschungstraditionen zu drän-
gen. Demgegenüber plädieren wir im Sinne eines methodologischen Pantheismus
für einen integrativen Symbolbegriff, der alle zentralen Aspekte heuristisch ver-
einnahmt. Auf der Grundlage einer transdisziplinären Gegenstandsauffassung soll
die hermeneutische Symbolanalyse systematisch auch mehrdimensionale Symbol-
figuren ins Auge fassen. Aus diesem Grund dürfen wir nicht bei der Unterscheidung wesentlicher symbolischer Dimensionen sozialer Wirklichkeit stehenbleiben,

denen sich wie oben skizziert jeweils einige einschlägige Forschungszweige zuordnen lassen. Vielmehr wollen wir unser analytisches Differenzierungsschema nun in einen integrativen Satz methodologischer Grundprobleme überführen, aus denen später übergreifende methodische Maximen abgeleitet werden können. Daher sind als nächstes zuerst einige methodologische Reflexionen zum soziologischen Wesen des Symbols angebracht, gefolgt von einem kurzen Ausflug in die Paradedisziplin von Symbolanalysen: die Ethnologie.

1.6 Literaturempfehlung: Auf der Suche nach Symbolen – eine empirische Annäherung

Für einen ersten Zugang zu symbolischen Welten schlagen wir vor, Einzelphänomene wie den Gartenzwerg oder den Weihnachtsbären analytisch in den Blick zu nehmen. Von hier aus lässt sich die Vielschichtigkeit, aber auch die gesellschaftliche Wirkungsweise von Symbolen „im Kleinen" exemplarisch aufzeigen und die empirische Aufmerksamkeit für symbolische Ausdrucksformen im Allgemeinen schärfen.

Kleining, Gerhard (1961): Zur Phänomenologie des Gartenzwergs, in: Psychologie und Praxis, 5. Jg., Heft 3, S. 118-129.

Köhle-Hezinger, Christel (2000): Der Weihnachtsbär. Verbärung der Weihnacht – Verbärung der Welt, in: Volkskultur und Moderne, 21. Jg., S. 379-397.

Methodologie

Die symbolische Verfassung der sozialen Welt

2

Zusammenfassung

Das folgende Kapitel konzentriert sich zunächst darauf, die Verwobenheit soziologischer Reflexionen mit Vorstellungen einer symbolischen Verfassung sozialer Wirklichkeit hervorzuheben. In Abgrenzung zu Kapitel 1, das symbolische Erscheinungen als ein fachübergreifendes Querschnittsthema der Kultur-, Geistes- und Sozialwissenschaften hervorhob, wird dieses Kapitel nun im Besonderen den Bedarf an empirischen Symbolanalysen für soziologische Weltzugänge herausstellen, und zwar sowohl im Hinblick auf die methodische Notwendigkeit qualitativ rekonstruktiver Forschungsverfahren als auch bezüglich einer fruchtbaren Kanalisierung theoretischer Kontroversen und Grundannahmen. Der Rekurs auf das Symbolische zeigt sich dabei als Grundkonstante soziologischer Reflexionen, und das Symbol fungiert dabei als eine Art Brückenkopf fachinterner Positionierungen. Im ersten Schritt zeichnen wir in der gebotenen Kürze die konzeptionelle Integrationskraft der Symbolanalyse entlang soziologischer Theorieströmungen nach, bevor in einem zweiten Schritt den übergreifenden methodologischen Prinzipien der Symbolanalyse nachgegangen wird.

2.1   Die Unhintergehbarkeit des Symbolischen

Bei genauerer Betrachtung erschöpft sich die Präsenz von Symbolen keineswegs
auf vereinzelte Objekte wie Gartenzwerge, Kopftücher oder Krawatten, welche
gewöhnlich hier und da vorkommen und dem diesbezüglich sensibilisierten Beobachter plötzlich sogar allerorts ins Auge fallen mögen. Symbole kränzen das
eigentliche Tagewerk nicht einfach gleichsam wie wilder Mohn am Wegesrand.
Sie sind mehr als Beiwerk und Makulatur. Da ja selbst solche maßgeblichen Angelegenheiten wie Geld, Sprache und Sexualität wesentlich symbolischer Natur sind,
ist letztendlich alles soziale Geschehen von Symbolik durchdrungen. Niemand
kann sich ihr auch nur vorübergehend entziehen. Wo die substanzielle Verfassung
der sozialen Welt überhaupt in einem grundsätzlichen Sinne reflektiert wird, dort
rückt wohl auf die eine oder andere Weise auch die Rolle des Symbolischen in
den Mittelpunkt. Symbolische Formen konstituieren sozialen Sinn, erschaffen eine
eigenständige Wirklichkeit, bewirken aber auch Effekte der Verdinglichung und
Objektivierung und ermöglichen so nicht zuletzt den sozialen Fetischcharakter
von Waren, Titeln oder Phrasen.

2.2   Theoretische Symbolauffassungen: Resultat aktiver Situationsbewältigung oder kulturell vorgegebenes Muster?

Wer sich zur Klärung der praktischen Bedeutung von Symbolen bei der soziologischen Theorie vergewissern will, der wird die Schlussfolgerung, dass es sich
beim Symbol um ein Kernelement sozialer Praxis handelt, schnell bestätigt finden. Namentlich die seitens der qualitativen Sozialforschung gern herangezogene
Lehre des Symbolischen Interaktionismus (im Anschluss an Mead [1934] 1968
und Blumer 1973) erhebt den gemeinsamen Bezug auf Symbolbedeutungen zur
Grundlage jedweder gesellschaftlicher Interaktion. Unter einem Symbol versteht
man entsprechend jegliches Element sozialer Praxis (Worte, Rollen, Regeln), das
auf der wechselseitigen Unterstellung eines intersubjektiven Sinnverständnisses
basiert. Man wird persönlich nicht jeweils exakt die gleichen Assoziationen mit
Begriffen, Normen oder Zeichen verbinden, kann aber voraussetzen, dass innerhalb des entsprechenden Kulturkreises beispielsweise ein vierblättriges Kleeblatt
als Glückssymbol gilt.
    Folgt man dem symbolischen Interaktionismus weiter, dann sind Symbole da-
bei nicht einfach nur Fixpunkte zwischenmenschlicher Verständigung, sondern
auch strukturelle Ordnungs- und Orientierungselemente der gesellschaftlichen

Praxis. Die symbolische Sinnstruktur lässt sich folglich nicht vom Einzelnen entwerfen oder gar mutwillig zerstören, was beispielsweise der Fall wäre, wenn für mich das Kleeblatt den Rhythmus von Jahreszeiten anzeigen würde. Symbolische Bedeutung ist im Interaktionismus keine Privatsache, deren Sinn sich nomadisch „zusammen-basteln" (Hitzler 1994) lässt, sondern ein Resultat gesellschaftlicher Praktiken und der objektiven Herstellung von Bedeutung. Im Pragmatismus, von dem aus sich auch der Symbolische Interaktionismus gedanklich herleitet, entsteht die objektive Bedeutung sogenannter „signifikanter Symbole" erst durch ein kollektiv zu bewältigendes Handlungsproblem. Die Symbolik ist daher nicht nur intersubjektiv innerhalb einer Sprachgemeinschaft hergestellt, sondern auch Ergebnis eines interaktiven Problemlösungsprozesses. Die in Interaktionen vollzogene soziale Krisenbewältigung bildet einen analytischen Bezugsrahmen, der es erforderlich macht, nicht von einer individuellen, sondern von einer kulturellen Bedeutungsherstellung des Symbols auszugehen.

Beispiel

Ein einfaches Beispiel für die kulturelle Bedeutungsherstellung und den Problemlösungsbezug des Symbols stellt die Praxis des in unserer Gesellschaft durchweg ritualisierten Handgebens dar. Würde man heute das Handgeben als Begrüßung- und Verabschiedungsgeste oder als Geste der Besiegelung von Vertragsabschlüssen o.Ä. interpretieren, war es noch im Mittelalter schlicht praktisch sinnvoll, dem gegenüber mit dieser symbolischen Geste anzuzeigen, keine Waffen in der Hand mit sich zu führen. Das Hand geben erfüllte dabei den praktischen Zweck, das grundsätzliche Misstrauen der Beteiligten zumindest für die gemeinsame Handlungssituation kurzzeitig außerkraftzusetzen und sich kooperatives Handelns wechselseitig anzuzeigen.

In der Praxis stoßen wir indessen an Grenzen, uns solche Bedeutungen von Symbolen bewusst zu machen, auch wenn wir durchaus ein intuitives Verständnis für ihren Gebrauch und ihre Bedeutung besitzen. Dort, wo der Handlungszwang der Praxis herrscht, besteht nur eine geringe Chance, sich umfassend der Bedeutung des Symbols zu vergewissern. Zwar kann ich den Handschlag verweigern und mich auf das Analysieren und Reflektieren seiner Bedeutung verlegen, allerdings mit der negativen Konsequenz, dadurch nicht an der gemeinsamen Problemdefinition der Situation zu partizipieren. Im Alltag herrschen Zug- und Entscheidungszwänge (Kallmeyer und Schütze 1977), denen man sich nur um die Gefahr sozialer Beschädigung entziehen kann (Watzlawick 1969).

Aber auch diese sozialen Beschädigungen und Störungen des Alltags können für die Geltung sozialer Ordnung im Allgemeinen als auch für die Wirkungsweise von Symbolen instruktiv sein. Garfinkel (1977) hat die Geltung normativer Ordnungen entlang von sogenannten Krisenexperimenten empirisch sichtbar werden lassen. Insbesondere dort, wo durch vorsätzliche Eingriffe in alltägliche Handlungsroutinen Krisen provoziert werden, informieren die sozialen Reparaturvorgänge, sprich die anschließende Krisenbewältigung, über die Geltung sozialer Normen.

Beispiel

Wer beispielsweise bei Familientreffen an Weihnachten die Frage stellt, ob er sich mit an den Tisch zum gemeinsamen Abendessen setzen dürfe, irritiert erst einmal die Konvention einer unhinterfragten und bedingungslosen Familienmitgliedschaft. In der Reparatur der Krisensituation kommen dann üblicherweise die stillschweigend hingenommen Strukturen und Ordnungen der Praxis zum Vorschein. Für unser Beispiel laufen diese Krisenbewältigung wohl auf die Normalisierung familiärer Mitgliedschaftsrollen nach dem Motto hinaus: „Was fragst du überhaupt, ob du dich an den Tisch setzen kannst?". Krisen bringen in ihrer Bewältigung unterschwellige Ordnungsmuster zur Geltung.

Diese bewusst herbeigeführte Praxisirritation ist aber für sich genommen nur ein Grenzfall der Herstellung und Bestätigung einer sozialen wie symbolischen Ordnung. Auch in der Routinehandlung und der alltäglichen Interaktion steht das Symbolische vermittelnd zwischen den Akteuren. Erst die Reaktion auf eine Handlungseröffnung, bleiben wir beim Handschlag also das Ergreifen der ausgestreckten Hand von der Gegenseite, führt zu einer Gesamthandlung und einer sinn- und symbolisch vermittelten Gestaltschließung. Die einzelne Handlungssequenz bildet zwar das Substrat der symbolischen Formation, aber erst mit der Gesamthandlung entsteht die umfassende Symbolbedeutung.

Von der Seite einer Sozialtheorie, die von einer Herstellungspraxis des Symbolischen und einer aktiven Beteiligung von Akteuren im Herstellungsprozess symbolischer Sinnerzeugung ausgehen, scheint die herausgehobene Bedeutung von Symbolen nicht zu verwundern. Dass nämlich Menschen auf der Grundlage von Bedeutungen handeln, diese Bedeutungen in Interaktionen hergestellt, aktualisiert und moduliert werden kann, bildet das axiomatische Grundgerüst einer dort vertretenen symbolischen Wirklichkeitsauffassung (Blumer 1973; Strauss 1993).

Aber nicht nur das sogenannte *interpretative Paradigma* der Soziologie referiert auf symbolische Orientierungen, sondern auch das *normative Paradigma*, das sich für Strukturen als gesellschaftliche Normsetzungen interessiert und üblicherweise als Gegenspieler mikroanalytischer Verfahren fungiert, betont die symbolische Verfasstheit sozialer Wirklichkeit (Wilson 1973). Im Kontrast zur aktiven Beteiligung und Auslegungsbedürftigkeit der Symbolordnung steht hier der Einzelne relativ unverrückbaren stationären Normen gegenüber. Während im ersten Fall das Symbol als Orientierungshilfe dient, gemeinsames Handeln situativ zu koordinieren und es sinnvoll aufeinander abzustimmen, argumentiert das normative Paradigma, dass es praktisch aussichtslos wäre, sich in zufälligen Interaktionskontexten angemessen zu verständigen, es sei denn, man würde das praktische Handeln an normative Vorgaben delegieren und festgelegte Erwartungshaltungen in der Handlungssituation erfüllen. In der Theoriedebatte stehen daher auch normatives und interpretatives Paradigma für entgegengesetzte Menschenbilder.

Wirft man den Symbolbegriff in den Ring dieser Auseinandersetzung hinein, steht das Symbol in der Spannung interpretativer Weltaneignung und normativer Weltanpassung. Betrachtet man dazu bspw. die Ausführungen zum Symbol bei Talcott Parsons (1968), der auf diesem Spektrum dem normativ argumentierenden strukturtheoretischen Denken zugerechnet werden kann, zeigen sich durchaus Schnittmengen und Gemeinsamkeiten zwischen den Theorieströmungen:

„Für unsere Zwecke können wir ein Symbol als ein Objekt definieren, das ein physisches oder soziales Objekt, ein Ereignis, ein Aspekt eines konkreten Objekts einer Klasse oder ein Komplex derselben sein kann und das für einen oder mehrere Akteure Bedeutung gewonnen hat, die eine Beziehung zu Einheiten jenseits des Symbolobjekts selbst einschließt. Damit dieses Objekt statt eines Zeichens ein Symbol ist, muss diese Bedeutung ein gewisses Niveau der Generalisierung erreicht haben [...]" (ebd., S. 47).

Für Parsons ist das Symbol mehr als ein singuläres Zeichen, weil es sich als Verständigungshintergrund auf soziale Einheiten und Kontexte bezieht und im Hinblick auf die soziale Ordnung allgemeine Bedeutung besitzt. Statt aber mit Parsons in diese theoretische Debatte einzusteigen, wollen wir hier mit ihm nur hervorheben, dass sowohl in interpretativen Ansätzen als auch im strukturtheoretischen Denken das Symbol eine prominente Stellung besitzt und mit dem Symbolbegriff gedankliche Verbindungslinien zwischen beiden soziologischen Blickweisen gezogen werden können. Auch vor dem Hintergrund der Debatte um adäquate Menschenbilder und sozialtheoretische Grundüberzeugungen vermittelt das Symbol mehr als dass es spaltet. Auch hierin zeigt sich die integrative Kraft der Symbolanalyse.

Und Parsons ist hier kein Einzelfall, denn die gesamte Gesellschaftstheorie,
also jener soziologische Zweig, der sich der Selbstbeschreibung nach nicht mit
partikularen Praktiken, sondern mit gesellschaftlichen Strukturen und ihrer Ent-
wicklungslogik beschäftigt, befasst sich immer auch mit Symbolen. Die methodologische Akzentuierung des Symbols bleibt daher keinesfalls eine spezielle
Minderheitenposition. Von theoriefokussierten Soziologen wie Herbert Spencer
([1880] 2010) und Niklas Luhmann (1998) über einschlägige Sozialforscher wie
Emile Durkheim (1994) und Pierre Bourdieu (1982), gestandenen Kulturanthro-
pologen wie Leslie White (1940), Clifford Geertz (1973) und Victor Turner (2005)
bis hin zu namhaften Sozialphilosophen wie Jürgen Habermas (1981) und Jacques Lacan (1975) oder sogar Genderforschungsikonen wie Judith Butler (2003)
wird die soziale Welt als genuin symbolisch verfasst dargestellt. Diese Auffassung
wird folglich bereits in den Grundbegriffen der Sozialtheorie verankert, indem
das Symbol etwa als elementare Form von Sozialität schlechthin begriffen wird
und damit analog zur Zelle für die Biologie oder zum Atom für die Physik als Ele-
mentarbegriff fungiert. Allerdings zeigen sich in der Bedeutung des Symbolischen
innerhalb der Theoriearchitektur durchaus Schattierungen und Differenzen.

2.3 Das Symbolische als grundlegende gesellschaftliche Komponente

Da die gesellschaftlichen Verhältnisse immer auch maßgeblich durch harte Faktoren wie Besitz, Arbeit und Gewalt geprägt sind, kommt vom makrosoziologi-
schen Standpunkt zunächst ein zweiseitiges Modell in Betracht, welches eine materielle und eine symbolische Komponente von Gesellschaft unterscheidet. Um
für Zwecke der zeitdiagnostischen Pointierung der ideell-sinnhaften Komponente
der „Lebenswelt" die harten Systemmechanismen von Ökonomie und politischer
Herrschaft entgegensetzen zu können, wird das Symbolische beispielsweise bei
Habermas (1981) eher immateriell gedacht, und die symbolischen Aspekte von
Geld und Macht müssen folglich aus rhetorischen Gründen außer Acht gelassen
werden. Solche *dualistischen Grundkonzepte* lehnen sich vor allem in der kritischen Theorietradition an das marxistische Modell aus Basis und Überbau an,
welches den dialektischen Zusammenhang zwischen materiellen Produktionsver-
hältnissen und ideologischer Wirklichkeitskonstruktion in den Blick nimmt.
    Unterschiedliche Deutungen entspinnen sich dann an der Frage, ob das Symbo-
lische als eigentlicher Wesenskern oder als ergänzende Ummantelung der basalen
Strukturen verstanden wird. Hierbei können dann auch alternative Begrifflichkeiten wie Bräuche, Zeremonien, Sinn, Kommunikation oder Wissen Verwendung

finden, was das verfügbare Theorieangebot im Ganzen sehr unübersichtlich werden lässt.

Beispiel

In der sozialphänomenologischen Schule der Schütz-Tradition (exemplarisch Schütz und Luckmann 1979) tritt beispielsweise entsprechend ein wissenssoziologisch gewendeter Begriff der Institution an die Stelle des Symbolbegriffs im Sinne von Mead, während das Symbolische nunmehr die Funktion einer deutenden Vermittlung etablierter Strukturen zugewiesen bekommt, sodass die objektive Wirklichkeit der Gesellschaft letztlich auch hier als *Zweiseitenform aus institutionalisierten Verhältnissen und deren symbolischer Legitimierung* beschrieben wird.

Dualistische Konzepte verorten das Symbolische entsprechend auf einer Seite der gesellschaftlichen Differenzierung, in der symbolisch verdichteten Lebenswelt, nicht in den mechanischen Zwängen der Arbeitswelt, in der Gemeinschaft, nicht in entfremdeten Gesellschaftsbeziehungen usw. Sie fassen das Symbolische dabei in der Regel als geistiges Medium auf, verstehen das Wort Symbol also dezidiert als Geistesbegriff.

Insbesondere handlungstheoretische Zugänge, wie unter anderem bei Weber (1976), Habermas (1981), Honneth (2003) nachzulesen, fokussieren diesen Bereich zwischen sozial festgefügten Institutionen und dem subjektiven Handlungssinn. Für Weber sind es beispielsweise charismatische Akteure, die auch in sinnentleerten rationalen Gesellschaftsbeziehungen Orientierung bieten und symbolische Ankerpunkte der eigenen Lebensführung setzen. Aber auch diese Sinn- und Symbolordnungen bedürfen der Reaktualisierung, sonst stehen sie in der Gefahr, sich in Institutionen zu versachlichen oder zur Gewohnheit zu werden.

Beispiel

Andere Beispiele der symbolischen Sinnvermittlung zwischen gesellschaftlichen Strukturen und dem Handlungssinn des einzelnen Gesellschaftsmitglieds finden sich beispielsweise in der Strukturierungstheorie, oder in neueren Versionen der Praxistheorie (Giddens 1984; Reckwitz 2003). Für Bourdieu (1997) sind es bspw. habituell inkorporierte Lebensstile und ihre Praxisformen, die gesellschaftliche Strukturen und die Positionierung des Einzelnen im sozialen

Raum symbolisieren. Aber auch neuere sozialphilosophische Theorien kennen Orte und Beziehungen der Sinnvermittlung. Ob theoretisiert als gemeinschaftsförmige Resonanzbeziehung oder als gesellschaftliche Nischen der Entschleunigung geht es diesen theoretischen Argumentationen immer auch um *symbolisch organisierte Sinnvermittlung* (Rosa 2005, 2015).

Freilich kann von Seiten der Theorie dem Symbolischen damit auch ein alles *durchdringender Totalitätsanspruch* zugeschrieben werden. Insbesondere dekonstruktivistische Gesellschaftsanalysen (zum Überblick Frank 1984) legen nahe, dass in postmodernen Gesellschaften Macht, Herrschaft und andere Formen der Dominanz und Abhängigkeit zunehmend und auf dem Hintergrund neoliberaler Gesellschaftssemantiken auch symbolisch unhintergehbar werden (Foucault 2000). Vor diesem analytischen Hintergrund lassen sich noch im Feingewebe gesellschaftlicher Beziehungen dominante gesellschaftliche Rationalitäten und ihre Machtansprüche aufspüren.

Beispiel

So kommen beispielsweise in intimen Geschlechterverhältnissen hegemoniale Leitvorstellungen der Sexualmoral sowie ihre historisch wandelbaren Normalitätskonstruktionen zur Entfaltung und bringen der Tendenz nach dabei auch gesellschaftliche Machtverhältnisse symbolisch zur Geltung. Solche Alltagspraktiken sind Projektions- und Legitimationsfläche von Gesellschaftsstrukturen. Aus Sicht einer ideologiekritisch eingefärbten Gesellschaftsanalyse muss notwendigerweise das Symbolische weitreichend alle Gesellschaftsbereiche und Beziehungskonstellationen erfassen. Der *Absolutheitsanspruch des Symbolischen* zeigt sich aber bereits in psychoanalytischen Zugängen oder in historisch angelegten genealogischen Rekonstruktionen (Für das Feld der Sexualität siehe exemplarisch Foucault 1977a). Diese Form der Erfassung gesellschaftlicher Strukturen beabsichtigt die Demaskierung totalitärer symbolischer Ordnungen.

In letzter Konsequenz kann man Symbole aufgrund ihres ideell-dinglichen Doppelcharakters auch als omnipräsente *Mittler zwischen Geist und Materie* selbst verstehen. Symbole wären demnach nicht selbst die Ideologie, sondern lediglich ihre Ausdrucksform. Institutionelle Ordnungen würden wiederum durch Symbolik nicht nur gleichsam nachträglich ideologisch legitimiert, sondern durch solche überhaupt erst kenntlich macht. Wie materielle Gegebenheiten symbolisch markiert werden müssen, um wirklich zu gesellschaftlichen Tatsachen zu werden, so müssen auch geistige Gehalte sich erst symbolisch manifestieren, um gesellschaftlich wirkmächtig zu werden. Symbolische Formen fungierten dann generell als universelle Kopplungen, die kulturelle Sphären strukturell übergreifen, zwischen sozialen und psychischen Sinn vermitteln, materielle gesellschaftliche Verhältnisse inkorporieren und leibliche und seelische Attribute synchronisieren.

Als Ansätze für solche transversalen Theoriebegriffe des Symbols lassen sich unter anderem der Zeichenbegriff von de Saussure (1967, S. 76) oder der Begriff der symbiotischen Symbole bei Luhmann (1998, S. 380) anführen. Am Ende liegen die verschiedenen theoretischen Grundpositionen allerdings gar nicht so weit auseinander. Es handelt sich bei den Differenzen um perspektivische Nuancen der theoretischen Deutung. Durchweg erscheint das Symbolische jedenfalls allen gängigen Gesellschaftstheorien als analytisch unhintergehbar.

2.4 Das Symbolische im Kontext rekonstruktiver Methodologien

Dass sich sowohl Handlungstheorien als auch Gesellschaftstheorien für die Symbolik sozialer Realitäten interessieren, scheint aufgrund der vorangestellten Diskussion jetzt nachvollziehbar geworden zu sein. Wie aber verhält es sich mit der Bedeutung von Symbolen in gängigen rekonstruktiven Methodologien der qualitativen Sozialforschung? Lässt sich auch hier die prominente Stellung des Symbols nachzeichnen oder gilt das Symbolische eher als methodologische Randerscheinung?

Betrachten wir dazu drei besondere Methodenzugänge, die auch das Spektrum rekonstruktiver Forschungsverfahren weiträumig abstecken. *Objektiv hermeneutische Textanalysen* schließen zunächst noch explizit am Pragmatismus und die

Vorstellung einer symbolischen Verfasstheit sozialer Wirklichkeit als theoretischen Bezugsrahmen an (Oevermann 2002). Die Welt der hermeneutischen Textinterpretation ist zugleich eine Welt der symbolischen Sprachorganisation. Vom Objektcharakter der Sprache als „signifikantes Symbol" (Mead [1934] 1968) leitet sich überhaupt die Annahme der Existenz einer unbewussten, objektiven Bedeutungsschicht ab. Der im Sprachgebrauch eingelassene latente Sinn strukturiert sich nicht nur an besonderen Verwendungsregeln und pragmatisch sinnvollen und wohlgeformten Ausdrücken, die Sprache wird hier darüber hinaus zu einer eigenständigen Wirklichkeitsebene, die in der Regel von den Motiven und Einstellungen von denkenden und handelnden Akteuren abweicht. Die theoretische Ausnahmestellung der Sprache als ein signifikantes Symbol hat in der Objektive Hermeneutik weitreichende Auswirkungen auf die gesamte Methodenapparatur. Denn die soziale Wirklichkeit kann nur dort sinnvoll analysiert werden, wo sie auch entsprechend sprachlich verfügbar gemacht werden kann. Die Textförmigkeit der sozialen Wirklichkeit (Garz und Kraimer 1984) bildet insofern die Voraussetzung hermeneutischer Auslegungen. Nur dort, wo die Welt mit Sprachsymbolen überzogen ist und in entsprechend Texten protokolliert wurde, können hermeneutische Interpretationen ansetzen und das methodische Instrumentarium der Objektiven Hermeneutik zur Anwendung kommen.

Während objektiv hermeneutische Argumentationen das Symbolische in der Sprache und ihren objektiven Bedeutungsschichten verorten, zeigt sich bei wissenssoziologischen Zugängen die Bedeutung des Symbolischen im Kontext habituell organisierter Orientierungsleistungen (Mannheim 1980). Der Gebrauch und die Verwendung von Symbolen verweist auf kollektive Sinn- und Wissensaufschichtungen. Symbolische Ausdrucksmittel bilden für gemeinsame Orientierungen dafür einen intuitiven Verständigungshintergrund. Im Kontrast zur Annahme universell gültiger Sprachsymbole und ihrer objektiven Bedeutungsschichten ist das Symbolische in wissenssoziologischen Argumentationen eingebettet in einen kollektiv geteilten Orientierungsrahmen (Bohnsack 2006). Nicht die universelle Bedeutung der Sprache, sondern die auf einem Niveau mittlerer Reichweite anzusiedelnde Gruppenorientierung organisiert sich um symbolische Ausdrucksformen. Jene Orientierungen werden nicht nur durch Symboliken in der Alltagpraxis dokumentiert, sondern auch der rückwärtige methodische Sinnaufschließungsprozess wird in besonderer Weise um symbolische Verdichtungen herum organisiert. Insbesondere die Dokumentarische Methode (Bohnsack 2008) unternimmt den Versuch, an diese wissenssoziologischen Fundierungen anzuschließen und symbolische Bedeutungsschichten im Rahmen von Gruppen- und Milieuorientierungen freizulegen. Sie vermutet hinter symbolischen Verdichtungen wie Sprachbildern, Metaphern und Narrationen verborgene, den Akteuren nicht bewusste kognitive

Einstellungen. Hierbei steht nicht mehr nur die Frage im Mittelpunkt, was eigentlich der immanente Sinngehalt einer Äußerung oder anderer Ausdrucksformen (Bild, Text, Film usw.) sein kann, sondern wie man von einem generellen kommunikativen Verstehen auf hintergründige Orientierungsleistungen, also den konjunktiven Sinn, schließen kann.

Aber auch Methodologien, die das Fremdartige gesellschaftlicher Praktiken zu fassen bekommen wollen und sich dafür auf die Teilnahme und Beschreibung der Besonderheiten von relativ abgeschirmten sozialen Räumen konzentrieren, greifen auf die Annahme symbolischer Ordnungen zurück. Insbesondere ethnographische Zugänge, die sich ein Fremdverstehen teilweise bereits bekannter gesellschaftlicher Kulturen zur Aufgabe machen (Aman und Hirschauer 1997), rekonstruieren lokal begrenzte Felder und ihre symbolischen Darstellungselemente. Begrenzte Felder wie Spielhallen (Reichertz u.a. 2009) und Klassenzimmer (Maeder 2008) oder abgeschirmte Szenen wie Graffitisprayer (Eisewicht 2013) und Banker (Luyendijk 2015), aber auch gesellschaftliche Unterwelten wie prekäre Wohnquartiere (Berger u.a. 2002) und Gefängnisse (Spradley 1972) entfalten aufgrund ihrer sozialen Abgeschlossenheit nach innen besondere symbolische Ausdrucksformen, die sich zumeist auf die Darstellung von Zugehörigkeiten konzentrieren (Gurwitsch 1972).

Auf dem Fundament ethnologischer Grundüberzeugungen geht die Ethnographie eine enge Verbindung zwischen dem Anspruch zur teilnehmenden Erkundung und der Analyse lokaler Symbolwelten ein. Erst die Teilnahme am Feldgeschehen eröffnet die Möglichkeit, die konkrete Symbolverwendung in der Praxis zu verstehen und sie anschließend in wissenschaftliche Stellungnahmen zu überführen. Für ethnographische Forschungszugänge verbirgt sich hinter symbolischen Praktiken immer auch eine lokal begrenzte, szene- oder milieubezogene Zugehörigkeitsordnung. Der kompetente Gebrauch von Symbolen erzeugt in diesem Verständnis eine wechselseitig zugeschriebene Mitgliedschaft im Feld. Die ethnographische Forschungsaufgabe besteht daher schlicht darin, aus einem Fremdverstehen heraus die wichtigen Dinge und Praktiken einer Kultur im Feldaufenthalt zu registrieren und sie sprachlich in Form von Feldberichten zu inventarisieren. Der ethnographische Bericht legt somit nicht nur die Symbolordnung fremder gesellschaftlicher Felder frei, sondern ist für sich genommen immer auch Prozess einer im Feld erzeugten Sinnzuschreibung.

> Dieser kurze Überblick genügt bereits, um festzustellen, dass das Symbol in unterschiedlichen Schattierungen auch in etablierten Forschungsansätzen Berücksichtigung findet. Wir wollen hier nicht, wie sonst in der Methodendebatte üblich, die Symbolanalyse von anderen Forschungszugängen methodologisch abgrenzen, sondern demgegenüber betonen, dass sich Symbole und Symbolanalysen auf unterschiedliche Wirklichkeitsebenen beziehen können.

Vom Grundsatz her lassen sich in den hier ausgewiesen rekonstruktiven Methodologien im jeweiligen Forschungsprogramm spezifische Verweise zu Symbolen ziehen. Wir finden sie in objektivierter Form in der Sprachorganisation, als dokumentarisches Ausdrucksmittel von gemeinsamen Orientierungen oder als Requisiten von Feldmitgliedschaften. Abbildung 2.1 fasst die Bedeutung des Symbols für die angesprochenen Methodologien überblicksartig zusammen.

	Pragmatismus (Objektive Hermeneutik)	Wissenssoziologie (Dokumentarische Methode)	Ethnologie (Ethnographie)
Wirklichkeitsebene des Symbolischen	Universelle Zeichen	Kognitive Orientierungen	Lokale Kulturen und ihre Ordnungsvorstellungen
Analysefokus symbolischer Ausdrucksformen	Latente Bedeutungsschichten	Habituelle Wissensformationen	Kompetente Feldteilnahmen
Reichweite der Symbole	Sprachgemeinschaft	Gruppe, Milieu, Subkultur	Begrenztes Feld, lokale Szene

Abbildung 2.1 Das Symbolische im Kontext unterschiedlicher methodologischer Zugänge (eigene Darstellung)

Wir wollen die in der Abbildung aufgerufenen methodologischen Strömungen nicht gegeneinander in Stellung bringen, um daraus einen theoretischen Alleinvertretungsanspruch auf Symbole und Symbolanalysen abzuleiten. Vielmehr geht es uns um eine Darstellung der Vielfalt methodologischer Annahmen und Prinzipien, die unter dem Dach der Symbolanalyse Berücksichtigung finden können.

In praktischer Konsequenz geht es somit immer auch um die Voraussetzung, für weitere Forschungsarbeiten eine möglichst breite theoretische Grundlage zu schaffen.

Für diese breite Grundlage bietet es sich anschließend an, statt von einer theoretisch geschlossenen Methodologie von *Grundsätzen und Prinzipien der Symbolanalyse* zu sprechen, die sich dann als Klammer der vorangestellten theoretischen Zugänge verstehen können. Wir gehen daher im Fortgang der Darstellung auf die teilweise im Kapitel schon angeklungenen Prinzipien *verborgene Bedeutung, intersubjektive Erzeugung, gesellschaftliche Transformation, Ordnungsbildung* und *soziale Geltung* etwas konkreter ein.

2.5 Die verborgene Bedeutung von Symbolen

Die Bedeutung von Symbolen ist nicht deckungsgleich mit den uns bewussten Bedeutungszuschreibungen. Daher verweisen Symbole auf Bedeutungsebenen, die uns im Alltag nicht zwangsläufig bewusst sein müssen. Wenn wir Herzsymbole verwenden, um Zuneigung zum Ausdruck zu bringen oder auf das Kleeblatt zurückgreifen, um uns gegenseitig Glück zu wünschen, sind uns die Symbolbedeutungen vermeintlich noch weitgehend zugänglich. Wenn wir aber stärker die Praxisbedeutung und den praktischen Einsatz sowie die soziale Wirksamkeit von Symbolen untersuchen, verschiebt sich auch die analytische Aufmerksamkeit weg von geschlossenen symbolischen Gegenständen (wie Herz oder Kleeblatt) hin zur sozialen Situierung der Symbolanwendung.

Auch die reflexive Zugänglichkeit der symbolischen Bedeutung verändert sich im Rahmen dieser analytischen Suchbewegung. Betrachtet man nicht den Blumenstrauß als symbolisches Ausdrucksmittel, sondern Blumen im Rahmen von Gabe und Gegengabe als symbolisches Interaktionsmittel (Mauss [1925] 2009), ist die Symbolbedeutung der Handreichung nicht mit dem konkreten Symbol in Deckung. Die Diskrepanz zwischen einer alltäglichen, intuitiv verstandenen Symbolbedeutung und der verborgenen sozialen Wirksamkeit von Symbolen fordert nachgerade eine gesteigerte soziologische Aufmerksamkeit sowie hermeneutischer Prozeduren, die auch das unbewusste, aber dennoch sozial Wirksame des Symbols analytisch ans Licht bringen können. Die Symbolanalyse beabsichtigt daher, auch jene symbolischen Bedeutungsschichten freizulegen und hermeneutisch zu bergen, die im Alltag aufgrund der beschriebenen Handlungszwänge und der personalen Verstrickung in Praxisvollzüge uns nicht bewusst werden können. Damit wird aber auch gefordert, die äußeren Kontexte der Symbole mit in die Analyse einzubeziehen, statt sich allein auf das konkrete Symbol in seiner begrifflichen Geschlossenheit zu konzentrieren. Die verborgene Symbolordnung ist dann mehr als die uns bewusste Symbolbedeutung.

Gerade dieser Wechsel der Analyseperspektive begründet eine hermeneutisch operierende Symbolforschung. Würde lediglich die manifeste Bedeutung von Symbolen den Gegenstand der Analyse bilden, würde sich auch die Forschung einseitig in genealogischen oder etymologischen Argumentationen bewegen. Dann ginge es lediglich darum, das Symbol auf seine historischen Wurzeln hin zu befragen, statt eine soziologisch fundierte Interpretation der Wirksamkeit und des Praxisgebrauchs des Symbolischen anzustreben. Die Kluft zwischen bewusster und verborgener Bedeutung des Symbols gilt es hermeneutisch zu schließen.

2.6   Die intersubjektive Bedeutung von Symbolen

Symbole sind keine Privatsache, sondern entstehen im gesellschaftlichen Austausch. Wir betrachten Symbole und ihre soziale Bedeutung auf dem Hintergrund einer gemeinsamen Herstellungspraxis. Dem Symbol geht dabei ein kollektiv zu bewältigendes Handlungsproblem voraus, aus dem der intersubjektive Kern der Symbolbedeutung entsteht. Symbole werden daher mit ihrer Anwendung nicht nur intuitiv gemeinsam verstanden, sondern verstehen sich selbst wiederum als die Bewältigung einer problematischen Handlungssituationen, die potentiell krisenträchtig sein kann. Ähnlich der Vorstellung „signifikanter Symbole" sind wir an jenen Symbolbedeutungen interessiert, die auf dem Fundament kooperativen Handelns basieren und auf ein Handlungsproblem analytisch zurückführen.

Beispiel

Man könnte bspw. annehmen, dass die Wahl eines Ehepartners in modernen Gesellschaften weitgehend individuellen Bedürfnissen und Wünschen unterliegt. Überführt man Heiratsregeln und Heiratsstrategien aber in den Stand symbolischer Bedeutungen, zeigt sich, dass mit der Partnerwahl auch soziale Probleme gelöst werden können. Lévi-Strauss ([1948] 1981) hat am Beispiel der Kreuzcousinenheirat herausgestellt, dass Töchter und Söhne auch symbolische Tauschmittel zwischen Familienclans darstellen können. Die Heirat außerhalb der eigenen Abstammungsgruppe symbolisiert nicht nur die Öffnung des Familienverbands, sondern erzeugt darüber hinaus auch erweiterte familiale Bündnisformen. Der Tausch von Familienmitgliedern ist dabei eine wirksame Form, Konflikte zwischen Familien einzuhegen. Überträgt man diese historischen Befunde ins 21. Jahrhundert, so hat sich an den grundlegenden Strukturen von Tauschbeziehungen und gesellschaftlicher Statussicherung bei der Partnerwahl nur oberflächlich viel geändert. Subkutan symbolisieren Heiratsstrategien und Partnerwahlentscheidungen weiterhin die soziale Reproduktionskraft gesellschaftlicher Positionen. Aufstiegsambitionen oder gesellschaftliche Abstiegstendenzen lassen sich dabei genauso wie die Reproduktion sozialer Ungleichheit an familialen Herkunftsmilieus ablesen (siehe dazu exemplarisch die mehrgenerationale Analyse von Familienstrukturen bei Hildenbrand 2007).

Die wechselseitige Zuschreibung symbolischer Bedeutung und die Annahme von hintergründigen Handlungsproblemen bildet die Grundlage, auch von einer grundsätzlich abschließbaren sozialwissenschaftlichen Interpretation auszugehen. Wenn im Alltag die Symbolbedeutung intuitiv im Rahmen wechselseitiger Bedeutungszuschreibungen verstanden werden kann, kann die Symbolanalyse in nachträglichen Rekonstruktionen auch diesen Sinnbildungsprozessen nachspüren. Wäre demgegenüber das bedeutungsgenerierende Regelwerk immer wieder unverbindlich auslegbar und gestaltbar und der Bedeutungshorizont relativ unabschließbar (wie eine Privatsprache im Sinne Wittgensteins 1984, § 174), würde sich auch die Analyse in hermeneutischen Zirkeln verlieren.

Die Annahme einer intersubjektiven Bedeutungsherstellung von Symbolen bildet mithin ein weiteres Grundprinzip der hermeneutischen Symbolforschung. Auf dem Hintergrund dieses methodologischen Grundsatzes lohnt es sich analytisch nicht, nach den subjektiven Motiven und individuellen Sinnzuschreibungen von Symbolen zu fragen: Wir wollen daher nicht herausfinden, welche Bedeutung das Überreichen von Blumen für die betreffenden Personen besitzt, oder welche Strategie der französische Präsident mit der Bombardierung von IS Stellungen in Syrien verfolgt. Die Symbolbedeutung ergibt sich vielmehr aus der sozialen Einbettung der einzelnen Handlungen und der wechselseitigen Bedeutungszuschreibung individueller (bspw. Blumen als Symbol einer Gabe) oder kollektiver Akteure (bspw. Bombenangriffe als Symbol nationaler Sicherheitsinteressen).

2.7 Symbole als Transformations- und Transmissionselemente

Ein drittes Grundmotiv resultiert aus der Eigenschaft von Symbolen, soziale Transformationen und Transmissionen anzuzeigen. Symbole verweisen daher wie bereits beschrieben auf vorausgegangene Krisen- und Konfliktzonen. Die

Krisenbewältigung lässt sich konzeptionell als Übergang von einer Wirklichkeit in eine andere beschreiben. Zur Bewältigung dieser Übergänge und der mit ihnen einhergehenden offenen Deutungszusammenhänge entstehen symbolische Verdichtungen. Wir gehen daher von einem Problemlösungsbezug des Symbols aus, insofern es an diesen Übergängen ordnungsbildende und legitimatorische Wirkung entfalten kann. Symbolische Verdichtungen an Statusübergängen lassen sich sowohl im großen gesellschaftlichen Maßstab wie auch in kleinteiligen Interaktionszusammenhängen nachweisen. Das wohl weitreichendste Beispiel bilden religiöse Symboliken, die den Übergang und die Sinndeutung zwischen Diesseits und Jenseits zu bearbeiten suchen. Aber auch im kleinen Maßstab übernehmen Symbole die Aufgabe der Problembewältigung einer Übergangsordnung.

Beispiel

So können auch in Grundschulklassen regelmäßige Tumulte etwa darauf zurückgeführt werden, dass SchülerInnen den Wechsel des Bezugsrahmens zwischen „Stillarbeit im Klassenzimmer" und „Sportunterricht" nicht problemlos bewältigen können. Die Deutungsoffenheit des Übergangs von einem sozialen Setting zum nächsten stellt sich für die Kinder als ein sprichwörtliches Übergangsproblem dar. Bewältigen lässt sich diese offene Deutungssituation durch die symbolische Ordnung der „Zweierreihe", die den Transfer der Kinder vom Klassenzimmer zum Sportunterricht anschließend problemlos gewährleisten kann (Maeder 2008).

Aber auch andere gesellschaftliche Mitgliedschaftrollen sind durch Übergangssymboliken gekennzeichnet, die auf potentiell krisenträchtige Schwierigkeiten eines Statuswechsels hindeuten können. Die vollwertige gesellschaftliche Mitgliedschaft wird nicht nur durch formale Kriterien wie Alter, Beruf o.Ä. dokumentiert, sondern auch auf der Ebene ritueller Praktiken beispielsweise bei Jugendweihen und Junggesellenabschieden symbolisiert. In dieser Transition, wo das Alte nicht mehr gilt, das Neue noch keine Gültigkeit beanspruchen kann und der Einzelne gleichwohl in eine potentiell kritische und offene Zukunft hineintreten muss, wird das jugendliche „Trinkritual" oder das Ausnahmeverhalten zum Junggesellenabschied zur symbolischen Ausdrucksform einer statusbezogenen Krisenbewältigung.

Wir gehen daher von einer Problemzentrierung des Symbols aus, welche die Bewältigung einer Konflikt-, Krisen- oder offenen Deutungssituation betont. Konzeptionell gesehen bildet die Krisenbewältigung dabei einen Statusübergang, der symbolische Verdichtungen hervorbringt. Solche Transformationen und Transitionen finden sich auf ganz unterschiedlichen sozialen Wirkungsebenen, wie die ausgewählten Beispiele betonen. Sie können sich auf Interaktion-, Beziehungs-, Mitgliedschafts-, Einstellungs- oder kulturelle Ordnungen beziehen, die durch Krisenereignisse herausgefordert und symbolisch verfestigt werden.

2.8 Symbole als Elemente der Ordnungsbildung

Symbole dienen aufgrund ihrer komplexitätsreduzierenden Effekte der gesellschaftlichen Ordnungsbildung und bringen komplexe Situationen, Ereignisse, Handlungen oder Praktiken in sprachliche, bildliche oder anderweitig wahrnehmbare Sinnzusammenhänge. Symbole sind daher auch Abkürzungen grundsätzlich unabgeschlossener Weltauslegungen. Sie besitzen dabei nicht nur eine hohe Dichte an interpretativen Verweisungen, sondern auch die Fähigkeit, sich im Rückgriff auf ihre Bedeutung adäquat in sozialen Kontexten zu bewegen. Sie stehen dabei in der Spannung von grundsätzlicher Interpretationsbedürftigkeit und relativ homogener semantischen Geschlossenheit. Als Orientierungshilfen im Alltag können sie dazu beitragen, gestaltsicher in Interaktionskontexten zu agieren. Würde das Symbol statt zur Reduktion von Komplexität zur extensiven Bedeutungsauslegung motivieren, stünde nicht nur seine Leistung als Orientierungshilfe in Frage, sondern auch seine Fähigkeit zur praktischen Alltagsbewältigung.

Beispiel

Greifen wir auch hier zur besseren Veranschaulichung auf Beispiele zurück. Schilder, Fahnen, Wappen sind symbolische Ausdruckformen, die gewährleisten, sich auch in relativ anonymen gesellschaftlichen Kontexten sicher zu bewegen. Als Autofahrer die Symbolik roter und grüner Ampelschaltungen zu missachten, macht die Fahrt zur riskanten Angelegenheit. Sich im Fußballstadion nicht an der symbolischen Trennung von Heim- und Gästefans durch entsprechende Devotionalien wie Fahnen, Schals und ihrer Farbcodierung oder überhaupt der allgemeinen Sitzplatzordnung zu orientieren, wäre ebenfalls gesundheitsgefährdend.

Diese Beispiele deuten darauf hin, dass wir uns im Alltag relativ routinisiert an Symbolen orientieren können. Die Anwendung von Symbolen bewahrt uns davor,

in alle Bedeutungsschichten ihrer Verweisungen hinabsteigen zu müssen und gewährleistet somit auch das Aufrechterhalten alltäglicher Handlungsabläufe. Auch
wenn die einzelnen Deutungselemente des Symbols nur vage reflexiv zugänglich
sind, bewirkt gerade diese diffuse Symbolverwendung ein hohes Maß an intersubjektiver Deutungsübereinstimmung. In ihrer praktischen Wirksamkeit sind Symbole erfahrungsmäßig bewährt, ohne dass der Einzelne im Gebrauch die innere
Funktionsweise und ihre gesellschaftliche Reichweite überblicken kann.

2.9   Die Geltung symbolischer Ordnungen

Symbole werden nicht überall gleich verwendet, sondern unterscheiden sich in
ihrer gesellschaftlichen Trag- und Reichweite. Der Gebrauch und die Wirksamkeit
von Symbolen variiert auf dem Kontinuum zwischen „kleinen sozialen Lebenswelten" (Honer 2011) bis hin zu gesellschaftlichen Weltdeutungen. Symbolische
Mikrokosmen findet man insbesondere dort, wo auch die Formen des Zusammen-
lebens durch Grenzziehungen gekennzeichnet sind. Schiffe, Gefängnisse oder
hohe Kirchenmauern sind Beispiele für relativ abgeschlossene Symbolwelten. Beschränkt sich die Anwendung von Symbolen lediglich auf lokale, räumlich begrenzte Ordnungen, ist auch ihr Geltungsbereich stark eingeschränkt.

Beispiel

Beobachtet man bspw. die rituelle Praxis von Hochseefischern, um ihr Fang-
glück zu erzwingen, sind die dafür verwendeten Symbole nicht nur von Schiff
zu Schiff grundverschieden, sondern auch ihre Wirkungsweise stark von einzelnen Besatzungsmitgliedern abhängig. Ob man Kabeljioblut trinkt, Bierdo-
sen ins Wasser wirft, oder nach unglücksbringenden Gegenständen auf dem
eigenen Schiff sucht[1], diese Glücks- oder Unglückssymbole gelten nur in der
eng begrenzten Umgebung bestimmter Hochseekähne.
Dem gegenüber stehen Symboliken, die gesellschaftsweit Anerkennung finden.
Denkt man hierfür beispielsweise an die Symbolik des Krankenscheins, reflektiert er nicht nur die Differenz zwischen krank und gesund, sondern bspw.
auch eine landesweit geltende soziale Norm der Berufsfähigkeit. Gerade solche
offiziellen Symboliken, die in generalisierter Weise Zugehörigkeit, ob zur Fa-

---

1   Diese Praktiken von Krabbenfischern sind in der Doku-Serie „Der gefährlichste Job
     Alaskas" zu besichtigen.

milie (bspw. durch Heirat), zum Beruf (bspw. durch Arbeitsverträge) oder zum Gemeinwesen (bspw. durch „Wählen gehen") betonen, besitzen große gesellschaftliche Reichweiten. Fast gänzlich jede Form des Amtsgeschäfts und der bürokratischen Organisation trägt generalisierungsfähige symbolische Signaturen (wie Antragstellung, Aktenzeichen, Bewilligung).

Symbole variieren daher nach historischen, kulturellen, lokalen und regionalen Kontexten. Ob in der Berufskultur, Alltagkultur, in kulturellen Subwelten oder gesellschaftlichen Unterwelten, die Symbolordnung verweist auf implizite Zugehörigkeits- und Mitgliedschaftrollen, die sich im Gebrauch von Symboliken niederschlagen. Insbesondere im Hinblick auf die Generalisierungsfähigkeit von Symbolen spielen solche sozialräumlichen Grenzziehungen eine besondere Rolle.

Die angeführten symbolanalytischen Grundmotive, so schematisch sie auch hier gegeneinander abgegrenzt wurden, stehen andererseits in einem engen Zusammenhang. Wir gehen von einer inneren Verwobenheit der symbolischen Prinzipien aus, die nur aus Gründen einer methodologischen Akzentuierung hier konzeptionell separiert und gegenübergestellt wurden. Um diese Prinzipien und ihr Ineinandergreifen an grundlegenden Beispielen näher zu beleuchten, werden im folgenden Kapitel einige klassische Studien der Ethnologie herangezogen, wobei die besagten Grundmotive sich aus einiger Distanz betrachtet auch jeweils in aktuellen gesellschaftlichen Phänomenen wiederfinden lassen.

Wir können hier aber bereits festhalten, dass mit Blick auf eine methodologische Grundlegung das Symbolische als Leitmotiv soziologischer Forschung zu verstehen ist, das sich in theoretischen Modellen normierter oder interaktiv hergestellter Wirklichkeiten, der Architektur von Gesellschaftstheorien sowie in rekonstruktiven Methodologien wiederfindet. So dürfen wir auf der einen Seite behaupten, dass der methodologische Status des Symbols vom jeweils gewählten soziologischen Paradigma und seinen theoretischen Abgrenzungen abhängig ist. Andererseits lässt sich damit zugleich die Forderung unterstreichen, das Symbol als soziologisch relevantes Brückenprinzip zu begreifen, auf dessen Fundament vielfältige empirische Analysen möglich sind.

2.10   Literaturempfehlung: Die Grundlagen symbolischen Alltagshandelns

Insbesondere in der Theorietradition des „symbolischen Interaktionismus" wird auf die symbolische Komponente unseres Alltagshandelns hingewiesen. Jedwede Interaktion lässt sich dabei als symbolisch vermittelte Handlung zwischen beteiligten Interaktionspartnern betrachten. Blumer (1973) hat diese theoretische Perspektive auf zentrale Grundannahmen zusammengeführt.

Garfinkels (1977) Studien geben hingegen einen Eindruck von der Brüchigkeit und Krisenanfälligkeit unseres Alltagshandelns. In den mitunter symbolisch organisierten Reparaturvorgängen von gescheiterten Interaktionen zeigt sich in besonderem Maße die gesellschaftliche Wirksamkeit sozialer Normen.

Blumer, Herbert (1973): Der methodologische Standort des symbolischen Interaktionismus, in: Arbeitsgruppe Bielefelder Soziologen (Hrsg.), Alltagswissen, Interaktion und gesellschaftliche Wirklichkeit, Bd. 1, Reinbek, S. 80-101.
Garfinkel, Harold (1977): Studien über die Routinegrundlagen von Alltagshandeln, in: Steinert, Heinz (Hrsg.), Symbolische Interaktion. Arbeiten zu einer reflexiven Soziologie, Stuttgart, S. 280-293.

Ethnologische Studien 3

Die Entdeckung symbolischer Komplexität

Zusammenfassung

In diesem Kapitel werden fünf typische Beispiele von Symbolanalysen vorgestellt, die zu den Klassikern der Ethnologie gehören: der Regentanz, der Kula-Ring, der Übergangsritus, der Totemismus und der Hahnenkampf. Anhand dieser bekannten Paradefälle kann zum einen nochmals die Komplexität symbolischer Phänomene veranschaulicht werden, zumal sich hier tatsächlich zentrale methodische Kontroversen entzünden. Zum anderen dient dieser ethnologische Exkurs dazu, einige verblüffende Parallelen zwischen Stammeskulturen und der Moderne herauszustellen. Hiermit demonstrieren wir zugleich, wie der Umweg über vermeintlich abseitige Schauplätze überhaupt erst empirische Zugänge zur Verfassung der sozialen Wirklichkeit aufzuschließen vermag.

3.1 Ethnologische Paradebeispiele und ihre symbolische Komponente

Im Bereich der Ethnologie finden sich eine Reihe besonders prominenter Fälle von symbolischen Phänomenen, wie etwa der Regentanz der Hopi-Indianer, der zwischen den Trobriand-Inseln etablierte Kula-Tauschring oder die balinesische Tradition des Hahnenkampfes. Diese werden in den Sozialwissenschaften überhaupt gerne als klassische Paradebeispiele herangezogen, wenn es um die Verdeutlichung kultureller Mechanismen geht. Wer die betreffenden sinnlogischen Muster jeweils noch etwas weiter spinnt und derlei fremdartige Traditionen mit den vertrauten Gepflogenheiten des eigenen Milieus vergleicht, kann zu erstaunlichen Einsichten in die symbolische Verfassung der sozialen Welt kommen.

3.2   Der Regentanz

Beispiel

Zu den wohl beliebteste Standardreferenzen dieser Art gehört der Regentanz der Hopi-Indianer, anhand dessen man unter Berufung auf den Soziologen Robert K. Merton (1955) den Unterschied zwischen (manifesten) Zwecken und (latenten) Funktionen begrifflich einzuführen pflegt. Während nämlich die erklärte Absicht, angesichts einer längeren Trockenperiode durch gemeinsame Tanzerei Regen heraufzubeschwören, objektiv gesehen keinerlei Erfolgsaussichten hat, stärkt das gemeinsame Ritual doch den kollektiven Zusammenhalt. Trotz der vermeintlich überflüssigen körperlichen Anstrengungen kommt eine Gemeinschaft durch solche rituellen Bräuche also letztlich tatsächlich dem Ziel einer gelingenden Krisenbewältigung näher. Die praktizierte Prozedur wirkt allerdings nicht im Sinne einer zweckrationalen Handlung, sondern kraft ihrer symbolischen Bedeutung. Der Tanz idealisiert die lebenspraktische Einheit der Gruppe und macht die bestehenden politischen Bindungen und moralischen Verbindlichkeiten emotional erfahrbar.

Auf den ersten Blick vermag der exotische Kult des Regentanzes nicht viel über die symbolische Verfassung der hiesigen Welt zu sagen, da er schlichtweg auf einem archaischen Aberglauben zu beruhen scheint. Vermeintlich zeugt er von einer ganz und gar irrationalen religiösen Verblendung, die vom Standpunkt eines aufgeklärten Weltbildes aus als ein für alle Mal erledigt zu gelten hat. Bei genauerer Betrachtung erweisen sich etliche ganz ähnliche Phänomene aber geradezu als alltäglich, und genau hierin besteht der wissenschaftliche Erkenntnisgewinn, der in der Soziologie ja stets aus einer blickschärfenden Verfremdung der Perspektive auf die Normalität erwächst.

Haben nicht auch die Treffen von Regierungschefs vorrangig symbolischen Charakter, wo doch die technischen Details politischer Programme zwangsläufig hinter den Kulissen von Fachleuten und Sachverständigen geklärt werden? Handelt es sich bei Krisensitzungen nicht häufig um demonstrative Zusammenkünfte, welche die Entschlossenheit zu einer kollektiven Problemlösung zum Ausdruck bringen? Wenngleich natürlich das manifeste Ziel solcher Sitzungen darin besteht, virulente Probleme zu erfassen, die verfügbaren Optionen auszuloten und sich auf gemeinsame Strategien zu einigen, so wird zweifellos die Situation durch rhetorisch optimierte Beschlüsse nicht selten eher verschlimmbessert. Personelle Veränderungen und institutionelle Profilierungsspiralen zwingen oft zu in sachlicher Hinsicht zweifelhaften Reformen, die aus einem rein kommunikativ bedingten Innovationsdruck resultieren. Natürlich lassen sich Angelegenheiten wie Krieg oder radioaktive Strahlung kaum anders als durch administrativ koordinierte Verfahrensweisen bewältigen, welche diesbezügliche Katastrophen übrigens zugleich überhaupt hervorrufen. Allerdings werden die entscheidenden Weichenstellungen gewöhnlich weitgehend durch informelle Absprachen geregelt.

Die seriösen Formalismen jedweder Gremiensitzungen können durchaus als intellektuelle Regentänze der Neuzeit gelten: Geistesergüsse stehen im Rahmen solcher trockenen Kommunikationssysteme zwar realistisch gesehen nicht zu erwarten. Organisatorische Zeremonien dieser Form erweisen sich gleichwohl als symbolisch unabdingbar (Meyer und Rowan 1977). Wie man weiß, dienen Versammlungen, Klausuren und Konferenzen faktisch nämlich vor allem dazu, innerhalb organisatorischer Positionsfelder repräsentative Ansprüche zu markieren und zugeschriebene Kompetenzen zu veranschaulichen.

Zudem schaffen außeralltägliche wie reguläre Veranstaltungen vielfältigen Statusgruppen ein formal strukturiertes Betätigungsfeld für standardgemäßes Rollenverhalten. Sie verschaffen Möglichkeiten zur Beteiligung, eröffnen Chancen zur vermeintlichen Einflussnahme oder geben prekären Existenzen schlicht eine sinnstiftende Beschäftigung, welche sie zumindest als Statisten in eine übergreifende gesellschaftliche Praxis einbindet.

Von jeher hat man als Führungskraft Untergebene in Krisensituationen stets beschäftigt zu halten. Man muss ihnen zudem den Glauben erhalten, dass auf das eigenes Wohlergehen Einfluss zu nehmen sei. Der Glaube an die Bewältigung einer Krise kann schließlich ebenso wie die Angst vor der Katastrophe zu einer selbst erfüllenden Prophezeiung werden. Dies gilt bemerkenswerterweise insbesondere für das Feld der Wirtschaft, das doch angeblich den Paradefall egoistischer Erfolgsorientierung und kühler Kalkulation darstellt.

So führen Befürchtungen bezüglich der Pleite einer Bank fast zwangsläufig zu tatsächlichen Finanzengpässen, die dann gegebenenfalls durch das administrative System aufgefangen werden müssen. Geld, Erfolg und Aktienkurse basieren maßgeblich auf Vertrauen, genauer: auf dem Vertrauen in das Vertrauen der anderen und auf wechselseitigen Zuschreibungen, die sich allein an rein symbolischen Indizien orientieren. Die symbolische Wirksamkeit beschränkt sich daher nicht allein auf die praktische Verwendung von Symbolen, sondern auch auf die nicht immer beabsichtigten Nebenfolgen und Konsequenzen des symbolischen Handelns. In gewisser

Weise findet insbesondere in der Gegenüberstellung manifester und latenter Symbolbedeutung auch das sogenannte Thomas-Theorem (Thomas und Thomas 1928) der Soziologie seine Bestätigung. Denn subjektive Sinnkonstruktionen, wie beispielsweise das Gefühl einer schlechten Geldanlage, haben weitreichende objektive und daher handlungspraktische Konsequenzen (bspw. Kurssturz oder Geldverlust).

3.3   Der Kula-Ring

Die Einsicht, dass selbst simple Tauschvorgänge nicht per se nutzenorientiert sein müssen, verweist auf ein weiteres berühmtes Kulturphänomen, das sich bereits als etwas komplexer darstellt: den berühmten Kula-Ring der Trobriander in Papua-Neuguinea (Malinowski 1979; Mauss [1925] 2009).

Beispiel

Die auch Schenkwirtschaft genannte Praxis besteht in der zeremoniellen Überbringung symbolischer Artefakte von Insel zu Insel. Dabei erfolgt die Weitergabe von Muschelketten in der einen, von Armbändern hingegen in der anderen Richtung. Hierzu nehmen auserwählte Vertreter der jeweiligen Inselstämme gewagte Seereisen auf eigens gefertigten Gefährten auf sich, und sie ernten nach bestandenem Abenteuer Ansehen und Ruhm. Das Kula-System bezeugt somit einerseits die friedliche Verbundenheit zwischen den beteiligten Völkern und erneuert mit jedem Zyklus die reziproken Beziehungen wechselseitiger Achtung. Zugleich bekräftigen die von jeder durchlaufenen Häuptlingshand mehr und mehr mit Bedeutung aufgeladenen Ketten den Status einer Elite von Stammesoberhäuptern, die hinaus in die Welt gefahren sind und sich damit zu Repräsentanten ihrer Insel qualifiziert haben.

Vordergründig handelt es sich hier nur um einen exotischen Gegenentwurf zur modernen Marktwirtschaft, zumal ja lediglich Objekte ohne jeden Gebrauchswert zirkulieren, die allein von symbolischer Bedeutung sind. Doch sinnt man genauer nach, so fällt auch hier wiederum ein breites Spektrum verwandter Phänomene ins Auge: angefangen bei Blumensträußen und Weihnachtsgeschenken, über Souvenirs und Wanderpokale, bis hin zu Auslandssemestern und sonstigen Karrierestationen, die nicht nur die individuelle Vita pro forma bereichern, sondern zugleich wechselseitige Beziehungen zwischen den betreffenden Institutionen stiften können.
    Um die Verlegenheit einer soziologischen Entblößung zu kaschieren, verweisen vernunftgläubige Zeitgenossen gerne auf den ästhetischen Effekt, den Erinne-

rungswert, die Tradition oder die planmäßigen Lernerfahrungen. Oder sie halten
die überraschende Entdeckung der faktischen Nutzlosigkeit einzelner solcher modernen Muschelketten für eine insgeheime Einsicht in eine begrenzte Anomalie
innerhalb des soziopsychischen Rationalitätsgefüges.

Trophäen und Opfer aller Art waren indes von jeher symbolischer Ausdruck
von personenbezogenem Status und sozialen Beziehungen, ebenso wie die etwas
zivilisierteren Praktiken von ehrerweisenden Besuchen, Grußformeln und Ge-
schenken (Spencer [1880] 2010). Derlei Zeremonien sind nun keineswegs weitgehend durch pragmatische Verrichtungen und belanglose Ergötzlichkeiten ersetzt
worden. Dies selbst ist ein Mythos von der Rationalität des gegenwärtigen Systems,
mit dem dieses sich offenbar weiszumachen sucht, Praxis bestände wesentlich in
der effektiven Befriedigung gegebener Bedürfnisse durch ein komplementäres Er-
gänzungsverhältnis von produktiven und konsumatorischen Akten.

Vielmehr gilt es im Alltagshandeln ständig Beziehungen, Haltungen und Positionen symbolisch zu bekräftigen und zu erneuern, wobei die kleinsten Nuancen
– Gesten, Vokabular, Scherze – von weitreichender Bedeutung sind oder jedenfalls
die Möglichkeit einer sinnvollen Fortsetzung innerhalb der Situation und im Leben überhaupt sichern.

In Wahrheit befinden Menschen sich nämlich permanent im öffentlichen Austausch, und dieser Austausch ähnelt weitaus mehr dem Kula-Ring als der ökono-
mischen Idee eines vorteilsmaximierenden Tauschgeschäfts (Goffman 1982). Schon
in der Sprache für sich kursieren im Grunde abgegriffene Konstrukte, die sich erst
durch ihr kommunikatives Zirkulieren nach und nach mit Bedeutungen aufladen.
Auch in wissenschaftlichen Zitiermaximen, in den unvermeidlichen Systemen wechselseitiger Begünstigungen in politischen Institutionen oder in der glamouröse Selbst-
beweihräucherung der Prominenz im Kunst- und Unterhaltungsgenre zeigen sich auf
je eigene Weise Züge des Kula-Prinzips. Noch das moderne Konsumverhalten selbst
erweist sich genau besehen weniger als ein gewinnorientierter Stoffwechsel denn als
selbstbestätigende symbolträchtige Verschwendungssucht, wobei es vielleicht vor-
stellbar wäre, hierbei Qualität und Sinnpotenzial der involvierten Arbeitsleistungen
angemessener zu würdigen. Und Geld an sich stellt ja bereits ein symbolisches Medium dar, dessen Wert allein durch das Kreisen der bunten Scheine garantiert wird.

3.4   Der Übergangsritus

Das Modell des Kula-Rings verdeutlicht Prinzipien der Etablierung und Erneue-
rung von Beziehungsstrukturen im Zuge eines symbolischen Austauschs. Während damit folglich Fragen der sozialen Stabilisierung in den Blick geraten, bezieht

man sich hinsichtlich dynamischer Prozesse einer symbolischen Transformation in
der Ethnologie gewöhnlich auf das Konzept der Übergangsriten (im Anschluss an
van Gennep [1909] 2005). Hierbei handelt es sich um eine übergreifende Perspektive auf eine Vielzahl von Ritualen, welche etwa das Überqueren von räumlichen
Grenzen, biographische Statuswechsel oder die Aufnahme von Fremden betreffen
können.

   Veränderungen im Leben stellen sich per se als krisenhaft dar, sodass es wenig erstaunlich ist, wenn sie symbolisch jeweils durch spezielle Rituale begleitet
werden. Geht es bei Bestattungszeremonien augenscheinlich um die Verarbeitung
von Verlusterfahrungen, so markieren die mit der Adoleszenz verbundenen Riten
den Übergang zwischen Kindheit und Erwachsenenalter, wohingegen durch Initi-
ationsrituale primär die Aufnahme in eine bestimmte Gemeinschaft symbolisch
vollzogen wird.

Beispiel

   Das Konzept der Übergangsriten macht nun auf überraschende Gemeinsamkeiten solcher auf den ersten Blick ganz unterschiedlichen Bräuche aufmerksam, indem eine dramaturgische Struktur, bestehend aus den drei Phasen der
   Trennung, des Schwellenzustands und der Wiedereingliederung als typisch für
   sämtliche Übergangsriten herausgestellt wird, wobei allerdings unterschiedliche Akzentuierungen stattfinden.

Die erste Phase forciert die Loslösung von Herkunftsorten, Herkunftsmilieus oder
sonstigen Zuständen der Vergangenheit. Dies kann beispielsweise in Form von Wa-
schungen, Erniedrigungen, Beschneidungen oder einfach durch räumliche Isolie-
rung erfolgen. Die zweite Phase erzeugt einen Zwischenzustand des Flusses und der
identitätslosen Unbestimmtheit innerhalb einer vorübergehend außer Kraft gesetzten
Ordnung, wie er etwa im Rausch oder durch kollektive Ignoranz narrenfreier Personen zustande kommt. Die dritte Phase zelebriert die Aufnahme in die bestehende
Ordnung. Die symbolische Inklusion mag unter anderem durch ein gemeinsames
Festmahl oder auch durch Verleihen von Titeln, Namen und Ehrenzeichen erfolgen.

   Facettenreiche Übergangsriten der von van Gennep charakterisierten Form
pflegt man hierzulande insbesondere im Zuge von Hochzeiten, zur Initiation in
Burschenschaften, Rockerbanden und artverwandten Verbindungen sowie im
Rahmen der Jugendweihe (und ihrer nachhaltigen Vorformen). Die Omnipräsenz
sinnadäquater Rituale tritt indessen erst vollends zum Vorschein, wenn die vielfältigen Kulte der Reinigung, der Ekstase und der Vergemeinschaftung, welche

die zeitgenössische Kultur in all ihrer hedonistisch-postspiritualistischen Barbarei ausmachen, wenn verdeckte Rituale wie Prüfungen und Praktika, wenn unscheinbare Gepflogenheiten wie das Durchtrennen der Nabelschnur, das heilsame Sitzen im ärztlichen Wartezimmer, das Ausziehen der Schuhe vor der Pforte des Gastgebers berücksichtigt werden. Insofern sich das Konzept der Übergangsriten auch auf Übergänge kollektiver Art beziehen lässt, fallen Silvesterfeste ebenso darunter wie die vorübergehend verbrüdernde Umbruchseuphorie revolutionärer Massenbewegungen (etwa in Ländern wie der DDR, Tunesien, Libyen, Ägypten, Syrien, Ukraine).

Häufig lassen sich bestimmte Praktiken auch den einzelnen Phasen des Übergangsritus zuordnen. Bereits die im Affekt prompt erfolgende konsequente Vernichtung von Erinnerungstücken im Anschluss an die Aufkündigung einer Intimbeziehung entspricht ja exakt dem *Trennungsritus*-Schema einer rituellen Säuberung, ebenso wie die im Anschluss an jedweden Führungswechsel beinah obligatorische Umgestaltung der betreffenden Hoheitsgebiete (vor allem auch in ästhetischer Hinsicht). Die verbreitete Sehnsucht nach Grenzerfahrungen und das hedonistisch anmutende Bedürfnis nach kollektiv erlebter Ekstase münden hingegen allerorts in bizarren Freizeitspielen, Partys, orgiastischen Ausschweifungen, sexuellen Eskapaden etc. (Turner 2009), die sich unschwer als moderne *Schwellenriten* identifizieren lassen. Und auch die Behauptung, dass weltweit von der Mutprobe bis in die Richterrobe, von der Antrittsvorlesung bis zum Umtrunk permanent *eingemeinschaftende Rituale* praktiziert werden, wird kaum genauerer Veranschaulichung bedürfen.

Offenbar gibt es auch im Zeitalter der organisierten Rationalität einen ungebrochenen Hang zu symbolischen Brüchen, Ausbrüchen und Aufbrüchen, zur Verletzung von Grenzen, zur grenzenlosen Berauschung, zur ausgrenzenden Einschwörung. Die hieraus oft resultierenden Erscheinungsformen von gesundheitsschädlichem und provokantem Verhalten, von Hass, Gewalt, Demütigungen usw. werden gewöhnlich recht pauschal als irrational, pathologisch oder unmoralisch abgetan, zumal sie dem organisationskonformen Code der „politischen Korrektheit" zuwiderlaufen.

Ein tieferes Verständnis der hier zugrundeliegenden kultischen Logik des Übergangs mag dazu beitragen, den Sinn für zeitgemäße Rituale zu schärfen: wenn es etwa um die symbolisch vermittelte Inklusion von Migranten, Randgruppen und („sozial starken") Funktionärsklassen oder auch um die geistige Immatrikulation von bildungsfernen Generationen geht. Statt ein starres Schema für die symbolische Begleitung von Transformationsprozessen vorzugeben, bildet das Konzept der Übergangsriten vielmehr einen vielseitig nutzbaren heuristischen

Rahmen, bezüglich dessen genauer Auslegung sich erhebliche Deutungsspielräume eröffnen.

Wie beschrieben, stellt die rituelle Eingliederung in die Gemeinschaft laut van Gennep eine eigenständige, dritte Phase dar. Allerdings lässt sich (Victor Turner zufolge) auch der für die zweite Phase charakteristische Schwellenzustand bereits als ein kollektiver Zustand verstehen, der von einer vergemeinschaftenden Aufhebung von Statusdifferenzen zwischen den Menschen geprägt ist (Turner 1998). Dies gilt insbesondere in chaotischen Stadien staatspolitischer (oder anderweitiger institutioneller) Umbrüche, die ein enthusiastisches „Communitas"-Gefühl der potenzstarken Verbundenheit hervorrufen können. (Eine künstlich inszenierte Simulation dieses Effekts gelang im amerikanischen Präsidentschaftswahlkampf 2008 mittels des Slogans „Yes, we can!".) Bei dem von Turner beschriebenen euphorischen Gemeinschaftsgefühl handelt es sich seinem Wesen nach um einen vorrübergehenden Zustand, auf den zwangsläufig eine Phase der Ernüchterung folge, in welcher eine gesellschaftliche Normalität der positionsorientierten Statuskonkurrenz die Oberhand gewänne. Diese Sichtweise ist womöglich wiederum etwas zu pessimistisch, da Gemeinschaftlichkeit in der sozialen Welt schließlich dauerhaft symbolisch präsent bleibt.

3.5   Der Totemismus

Dass vergemeinschaftende Symbolik bereits für sich eine enorm komplexe Angelegenheit darstellt, lässt sich am deutlichsten anhand ethnologischer Studien zum Phänomen des Totemismus veranschaulichen.

Beispiel

Oberflächlich betrachtet ist das Totem nur (bildliches) Identifikationsmittel für die damit verbundene Personengruppe. Folgt man der Lesart Durkheims (1994), dann geht es im Totemismus nämlich weniger um die Verehrung von Tieren als vielmehr um die Konstruktion eines Gesellschaftssymbols, indem etwa ein charakteristisches Tiermotiv mit gutem Wiedererkennungswert glaubwürdig mystifiziert wird. Bei genauerer Betrachtung offenbart sich schon die vergleichsweise einfach anmutende Religionsform des Totemismus als komplexes System aus Mythen und Riten, also von symbolisch verfassten Ideen und Verhaltenspraktiken.

Religiöse Mythen veranschaulichen nicht allein die gesellschaftliche Kraft des Klans als einer sozialen Einheit, indem sie die Idee einer die einzelnen Menschen übersteigende, göttlichen Macht vermitteln. Sie stellen überhaupt ein allgemeines Begriffssystem bereit, indem sie die elementaren Denkmuster einer Kultur bereitstellen und ihren Anhängern dabei so basale Kategorien des Denkens wie Raum, Zeit und Kraft überhaupt begreiflich machen (Lévi-Strauss [1948] 1981). Religiöse Rituale führen nicht nur die gesamte Bevölkerung eines sozialen Lebensraumes geordnet zusammen und bekräftigen somit den solidarischen Zusammenhalt und die emotionale Bindung an die Gemeinschaft. Sie strukturieren auch das Alltagshandeln, indem sie Regeln und Verhaltensskripte bereitstellen, die zunächst die Behandlung heiliger Objekt betreffen, sich in der Folge aber auch auf den Umgang mit jeglichen profanen Gegenständen auswirken, die in direktem oder indirektem Zusammenhang damit stehen, zum Beispiel die natürlichen Feinde oder Nahrungsquellen des Totemtiers. Letztendlich kann somit natürlich die gesamte Lebenswelt mit symbolisch bedeutsamen Verweisen religiöser Art überzogen werden.

Gängigen Vorbehalten zufolge ist der Totemismus vermeintlich nicht vergleichbar mit den großen Weltreligionen, welche u.a. über Gottesbegriffe, heilige Schriften und ausgebaute Kirchenapparate verfügen. Die verbreitete Lehrmeinung besagt, dass Religionen und sonstige magische Kulte indigener Stammesordnungen überhaupt kaum vergleichbar sind. Die akademische Religionswissenschaft inszeniert sich als detailfokussierte Forschung für Spezialisten, die jeglichen Bestrebungen nach verallgemeinerungsfähigen Erkenntnissen eine grundlegende Skepsis entgegenstellt. Das soziologische Ansinnen Durkheims, anhand einer Analyse des Totemismus religiöse (und gesellschaftliche) Elementarformen zu identifizieren, wird in diesem Zusammenhang meist als unangemessener „Szientismus" zurückgewiesen.

Nichtsdestotrotz sind die Ähnlichkeiten vielfältiger moderner Kulturerscheinungen mit dem beschriebenen Modell des Totemismus recht offensichtlich. Die Wappen von Adelshäusern, und sonstigen politischen Kollektiven (Staat, Partei, Terrorgruppe), die Embleme von Vereinen, Sekten und sozialen Bewegungen, die Logos von Organisationen aller Art dienen gleichermaßen als bildliches Motiv, welches symbolisch die kollektive Identität der betreffenden Einheiten bezeichnet.

Rituale wie Arbeitstreffen und Feiern erneuern den Zusammenhalt und die sozialen Bindungen. Durch allerlei zeremonielles Brimborium wird die Institution gleichsam geheiligt und als Vergemeinschaftung inszeniert. Die Beteiligten gehen im Zuge dessen praktisch in etwas Größerem auf. Das involvierte Individuum vermag sich auf eine höhere Macht zu berufen – und wird von eigener Verantwortung in dem Maße entlastet, in dem es sich dem internen moralischen Maßstab kalkulierter Loyalität unterwirft.

Jegliche „Unternehmenskultur" lässt sich so gesehen als modernisierte Variante eines Kultus begreifen. Die durch uniforme Kleidung und andere Zugehörig-
keitsbekundungen beschworene kollektive Kraft erfasst die Mitglieder auch in
affektiver Hinsicht und prägt habituell verinnerlichte Verhaltensweisen. Sofern die
Verbindung mit dem Klan nicht qua Abstammung gegeben ist, wird sie durch aufwändige, anstrengende und teils obskur anmutende Prozeduren symbolisch hergestellt. So schleppen unerfahrene Tagungsteilnehmer oft stolz mit nutzlosem Inhalt
ausgestopfte Kongresstaschen, welche mit signifikanten Zeichen und Kürzeln versehen sind, in der ganzen Stadt herum, wodurch wohl symbolisch die Lasten und
Potenziale einer institutionellen Anbindung zum Ausdruck gebracht werden.

Insbesondere in den semiwissenschaftlichen Disziplinen kommuniziert man
zudem unaufhörlich Genealogien akademischer Adelsgeschlechter, indem in in-
formalen Interaktionen wechselseitig vertrauliche Stellenbesetzungsgeschichten
erzählt werden, wohingegen in formalen Veranstaltungsformaten ein numinoser
Kanon an heiligen Klassikernamen hergebetet und durch wiederholte Bezugnah-
me Seligsprechungen aktueller Superstars vorgenommen werden. Während ein
solcherart ausgeprägter Personenkult bereits deutlich im Zeichen eines modernen Humanismus stehen mag, arbeitet man in vielen Bereichen nach wie vor mit
Tiernamen, Maskottchen und imaginären Fabelwesen als Identifikationssymbol,
wohingegen in anderen Bereichen technische Instrumente, wissenschaftliche Bildnisse und mathematische Formeln eine adäquate Funktion übernehmen.

In jedem Falle arbeiten Institutionen und Gruppierungen aller Art mit ideali-
sierten Selbstbeschreibungen, die als moderne Form eines Mythos zu verstehen
sind. Eine Armee sorgt für Frieden, ein Atomkraftwerk liefert sauberen Strom,
eine Schule fördert Eigenständigkeit und vermittelt lebensnotwendiges Bildungs-
wissen usw. Während aus der Binnenperspektive des gemeinschaftlichen Sinnkosmos typisch die betriebenen Aktivitäten vorgeblich auf eine Verbesserung der
Weltlage zielen, können die sogenannten Leitbilder zeitgenössischer Organisationen vom Standpunkt einer missgünstigen Fremdbeschreibung stattdessen als
verlogene Ideologie erscheinen. So oder so werden kraft des Mythos jeweils die
wesentlichen kognitiven Kategorien vermittelt, welche eine gemeinsame Weltdeutung zumindest im Rahmen der offiziellen Kommunikation sicherstellen.

3.6   Der Hahnenkampf

Zeitgemäße Entsprechungen kultischer Formate sind offenbar weniger in den sakralen Bräuchen gegenwärtiger Religionsgemeinschaften zu suchen. Sie zeigen sich
vielmehr in formalen Prozeduren von Organisationen, in den vermeintlich rein

zweckrationalen Feldern der Ökonomie, Politik und Wissenschaft, in profanen Festen und Spielen. Für die Einsicht, dass auch kulturelle Praktiken ohne jegliche religiöse oder magische Konnotation eine immense symbolische Komplexität aufweisen können, steht in der Ethnologie insbesondere die berühmte Fallstudie von Clifford Geertz (1973) zum balinesischen Hahnenkampf.

Beispiel

Die traditionell von den balinesischen Männern mit Hingabe und intensivem Pflegeaufwand gehaltenen Kampfhähne dienen nämlich nicht allein der Zurschaustellung ihrer Männlichkeit, wie es auf den ersten, psychoanalytisch geprägten Blick erscheinen mag. Zweifellos lassen sie sich durchaus als libidinöses Ersatzobjekt begreifen. Zugleich drückt sich in den Hähnen und im Umgang mit ihnen aber auch der jeweilige soziale Status ihrer Besitzer aus. Allein die Demonstration von Verantwortungsbewusstsein, Siegeswillen, biotechnischen Fertigkeiten usw. zeigt ja zwangsläufig allgemeine soziale Eigenschaften des Hahnenhalters auf. Indem die Besitzer sich vermittels ihrer Hähne aneinander messen, werden zudem die komplizierten reziproken Beziehungen des Alltags in das simple Komplementär-Schema „Sieger versus Verlierer" transformiert. Der Hahnkampf trägt somit sicherlich dazu bei, die von Natur aus diffuse und fluide Matrix sozialer Positionen in eine hierarchische Oben/Unten-Skala zu übersetzen.

Die von Geertz in Form einer faszinierenden Geschichte dargebotene Beschreibung des Hahnenkampfspektakels und seiner Einbettung in den Alltag der Balinesen stellt nun detailliert heraus, dass der balinesische Hahnenkampf neben einem solchen sexuellen und statusbezogenen Hintersinn vielfältige weitere symbolische Komponenten beinhaltet.

Die zumeist tödlichen Kämpfe bewirken insbesondere einen emotionalen Ausnahmezustand, der gleichsam eine dunkle, geradezu satanische Seite des ansonsten von grenzenloser Gelassenheit geprägten balinesischen Charakters zum Ausbruch verhilft. In dieser Hinsicht biete der Hahnkampf ein inverses Zerrbild des balinesischen Lebens, das sich als karnevaleske Umkehrung der normalen Verhältnisse ausweist.

Auf der anderen Seite sind die einzelnen Kämpfe innerhalb der regelmäßig stattfindenden Turniere in ein äußerst komplexes System von Wetten eingebunden. Wie bereits oben im Falle des Kula-Rings wäre es ein fatales Missverständnis, dem tosenden Trubel des Wettgeschehens eine rein zweckrationale Gewinnab-

sicht zu unterstellen. Vielmehr geben ungeschriebene Regeln der Loyalität je nach
Konstellation exakt vor, auf welche Partei jeweils gesetzt werden darf. In diesem
Sinne erweist sich das Spektakel wiederum als ein anschauliches Spiegelbild der
bestehenden Beziehungen zwischen sozialen Lagen, Familienklans und Dorfgemeinschaften.

Das von Geertz vertretene methodische Ideal der „dichten Beschreibung" versteht Kultur mithin als ein komplexes symbolisches System, das es im Zuge akribi-
scher Beobachtungen sinnlogisch erschöpfend zu erschließen gilt. Die im Rahmen
ethnologischer Feldforschung erprobte Strategie der dichten Beschreibung ist zugleich unmittelbar auf die Alltagskultur der Gegenwart anwendbar.

Ganz analog zum balinesischen Hahnenkampf erweist sich hierzulande beispielsweise der Fußball unter symbolischen Gesichtspunkten betrachtet als äußerst
komplexes Phänomen. Im Kern findet ebenfalls ein Wettkampf statt, im Zuge dessen Gewinner und Verlierer, sowie im Weiteren: Aufsteiger und Absteiger ermittelt
werden. Kulturell von entscheidender Bedeutung ist jedoch das um das Spielfeld
herum ablaufende Geschehen, welches die sportlichen Ereignisse zelebriert, indem in Abhängigkeit von sozialstrukturell definierten Loyalitätsbeziehungen auf
hoch emotionale Weise für jeweils eine der gegnerischen Mannschaften Unter-
stützung signalisiert wird. Der kultursoziologische Blick richtet sich demnach also
eher auf die tausenden Besucher im Stadion als auf die spielenden Mannschaften,
wobei das Publikum auf den Tribünen und vor den Bildschirmen freilich mehr ist
als eine passive Masse von „Zuschauern".

Der Fußball beinhaltet letztlich Aspekte aller angeführten ethnologischen Paradebeispiele. Der Mannschaftskreis vor Spielbeginn ähnelt dem Regentanz der
Hopi, insofern er die Gruppe auf eine Moral der solidarischen Krisenbewältigung
einschwört. Das sprichwörtliche Trainerkarussell folgt hingegen dem Model des
Kula-Rings, da das Charisma der Trainer vom Glauben an deren Berufserfahrung
lebt, sodass die verfügbaren Personen sich durch regelmäßige Kündigungen im
richtigen Moment augenscheinlich einen Namen machen können. (Ähnliches gilt
übrigens für die Karrieren von Managern, Politbonzen, Professoren und provin-
ziellen Sexsymbolen.) Die Fankultur wiederum enthält wesentliche Elemente des
Totemismus, indem sie unter anderem die Vereinsfahne im Zuge ritueller Gesänge
in ein affektiv besetztes Gemeinschaftssymbol verzaubert. Der Torjubel aber folgt
bis in sämtliche Details hinein dem Konzept des Übergangsritus: Das fallende Tor
stellt in sich bereits eine auch unter psychoanalytischen Gesichtspunkten inter-
essante Grenzüberschreitung dar. (Bereits van Gennep schreibt einiges über die
Bewandtnis einzeln stehender Tore; es ist übrigens bemerkenswert, dass die Mannschaften das Feld durch einen gemeinsamen Tunnel und nicht durch die Tore betreten.) Die zeremonielle Spielunterbrechung im Übergang zum neuen Spielstand

lässt sich als Schwellenzustand verstehen, der von sakralen Gesten, Entblößungen oder Gewaltgesten begleitet wird und in kollektiver ekstatischer Verzückung der Anhänger mündet. Schließlich kommt es erst zu einer betont distanzlosen Wiedereingliederung in die Spielertraube und daraufhin zu einer abrupten Ernüchterung, die den neuerlichen Anstoß einleitet.

Um die ethnologischen Studien mit der Symbolforschung in Gespräch zu bringen, haben wir anschließend in Abbildung 3.1 die Kernfiguren und Strukturmuster der ethnologischen Befunde vergleichbare Symbolpraktiken moderner Gesellschaften zur Seite gestellt.

Studie	Kulturelles Strukturmuster	Moderne Symbole
Regentanz	Krisenbewältigung durch Vergemeinschaftung	Krisen- und Gremiensitzungen in Politik, Wirtschaft und Verwaltung
Kula-Ring	Aufrechterhaltung gegenseitiger Anerkennung	Trophäen und Geschenke, Geld, Posten und Ämter
Passage-Rituale	Einführung in gesellschaftliche Ordnungsverhältnisse	Jugendweihe, Junggesellenabschied, Prüfungen, Mutproben
Totem	Rituelle Identifikation	Wappen und Embleme, Marken und Logos, Maskottchen und „Kultpersonen"
Hahnenkampf	Komplexe Ordnungsbildung	Fußball und andere Großereignisse

Abbildung 3.1   Klassische ethnologische Studien, kulturelle Strukturmuster und moderne Entsprechungen (eigene Darstellung)

3.7   Fazit: Die Entdeckung symbolischer Komplexität

Die fünf aufgeführten Paradebeispiele der Ethnologie erweisen sich im Rückblick nun *erstens* als eine Reihe von Fällen aufsteigender Komplexität, die von einfachen funktionalen Deutungen über mehrdimensionale Konzepte (in denen sich Aspekte der Vergemeinschaftung mit solchen der Statuszuschreibung und der Weltdeutung verschränken) bis hin zu einer Position reichen, welche den symbolischen Facettenreichtum kultureller Phänomene seitens der theoretischen Konzepte offen halten möchte, um sie vom Standpunkt empirischer Beobachtungen aus in all ihrer Brüchigkeit und objektiven Widersprüchlichkeit behutsam zu erschließen.

Die besagten ethnologischen Untersuchungsgegenstände stehen *zweitens* unmittelbar im Zusammenhang mit grundlegenden forschungsmethodischen Problemstellungen, an denen sich jeweils langwierige Kontroversen entzündeten.

So provoziert die funktionalistische Deutung des Regentanzrituals den Einwand, es handele sich hier womöglich um willkürliche Zuschreibungen, welche letztlich überkommene Gepflogenheiten aller Art ideologisch rechtfertigen könnten. Als Lösung bietet es sich grundsätzlich an, vorab ein theoretisches Bezugsproblem festzulegen und erst anschließend die Virulenz dieses hypothetischen Problems zu überprüfen und die Praxis auf deren Umgang damit hin zu befragen. Wenn dann unversehens getanzt wird oder sonstige signifikante Auffälligkeiten ins Auge stechen, so sind strukturelle Äquivalenzen zwischen beobachtbarer Symbolik und realer Situation schwerer von der Hand zu weisen. Der Vorwurf des *funktionalistischen Fehlschlusses* beinhaltet freilich überdies die Forderung, sozialwissenschaftliche Erklärungen müssten grundsätzlich auch die inneren Beweggründe der in die bewährten Kulturmuster hinein sozialisierten Akteure umfassen. Letztlich wären hier sogar die klimatischen Verhältnisse zu berücksichtigen, da ohne regelmäßige lebensbedrohliche Trockenzeiten, die stets noch vor dem Aussterben der Anwohner enden müssen, sich Regentanzrituale nicht etablieren könnten. Weite Kreise des akademischen Milieus sperren sich heute offenbar mehr als je zuvor aus tief verankerten, letztlich wohl allein kulturgeschichtlich erklärbaren Wertüberzeugungen heraus vehement gegen das wissenschaftliche Denkmodell der Evolution zur Erklärung funktionaler Strukturentwicklungen.

Auch Malinowskis Studie zum Kula-Ring lässt sich vor diesem Hintergrund zunächst als ein Plädoyer für die *teilnehmende Beobachtung* lesen, welche die Kultur aus der Binnenperspektive der Handelnden zu rekonstruieren sucht. Die ignorante Missdeutung von Gaben als profitorientierte Tauschakte resultiert nun allerdings gerade aus einer reduktionistischen Zuschreibung rationaler Handlungsmotive, welche den kulturintern vorhandenen Sinn für das Symbolische systematisch ausblendet, wohingegen sich die implizite Symbolik der Rituale erstaunlicherweise dem wissenschaftlichen Beobachter erst aus einer den nativen Akteuren gar nicht verfügbaren Totalperspektive erschließt. Die hieraus resultierende Debatte dreht sich vornehmlich um die Frage, ob der ethnologische Blick nicht doch trotz allem unweigerlich einer ethnozentrischen Perspektive verhaftet bleibt, sodass die vermeintlich wahrgenommene symbolische Komplexität lediglich die Komplexität des eigenen Denkens spiegelt (siehe unter Bezug auf das Gehirn von Claude Lévi-Strauss hierzu Kauppert 2008). Die naheliegende Lösung besteht darin, den Blick aus der Distanz und die Teilnehmerperspektive nach Möglichkeit zu kombinieren und das Selbstverständnis des eigenen Kulturkreises systematisch mit verfügbaren Alternativperspektiven zu konfrontieren. Dem „going native" ist von daher bewusst ein auf Reflexion bezogenes disziplinäres „coming home" zur Seite zu stellen (siehe dazu exemplarisch Aman und Hirschauer 1997), das einerseits die Naherfahrung im Licht theoretischer Problemstellungen und Wissensbezüge selektiert, andererseits aber auch die perspektivische Zuspitzung der Feldbeobachtung systematisch korrigiert.

Hinsichtlich der oft überaus komplexen Übergangsrituale ergibt sich stattdessen das Problem, dass selbst die Einheimischen die (ursprüngliche) Bedeutung von Ritualen meist nur unzureichend kennen (Turner 2005). (Dies gilt in ähnlicher Weise auch für hiesige Bräuche wie Weihnachten etc.) Wie aber können Symbole dann überhaupt wirken, wenn ihre Bedeutung den Beteiligten gar nicht vollends bewusst ist? Hieraus ergibt sich eine kontroverse Diskussion über das Verhältnis von subjektiver und objektiver Bedeutung symbolischer Gehalte. In jedem Falle ist es für die Forschungspraxis ratsam, beides analytisch konsequent voneinander zu trennen. Im Rahmen qualitativer hermeneutischer Symbolanalysen empfiehlt es sich in der Regel, subjektivistische, auf Intentionen abstellende Interpretationen strikt zu vermeiden. Es verbieten sich also Fragen wie: „Wie ist das Symbol gemeint?", „Was will ein Akteur mit der Symbolik bezwecken", „Was will uns der Autor sagen?" Die Soziologie kann sich weitgehend damit begnügen, einen unbewussten subjektiven Sinn für objektive Bedeutungen von Symbolik zu postulieren, also gleichsam einen „siebten Sinn" für Symbolik zu unterstellen und diesbezügliche Forschungsfragen vorerst an die Psychologie zu überweisen.

Kritik an den Deutungen des Totemismus von Durkheim durch Freud ([1913] 1995) und andere erwächst wie bereits angedeutet unter anderem aus massiven Vorbehalten gegenüber dem wissenschaftlichen Bestreben nach begrifflicher Abstraktion und modellhafter Verallgemeinerung. So gibt es bereits innerhalb des Totemismus erhebliche Unterschiede. Zum einen gibt es Individualtotems (die Durkheim allerdings als abgeleitetes Phänomen deutet), bei welchem ein Tier zum persönlichen Schutzpatron avanciert. Zum anderen stehen die Totemklans teils quer zu den Stammesgemeinschaften (so bei den Irokesen). Totemgemeinschaft und Gesellschaft müssen also entgegen der Auslegung Durkheims nicht per se kongruent sein. Immerhin könnte die diesbezügliche methodische Maxime darin bestehen, sich in Anlehnung an genealogische Entwicklungslinien um kontrastierende Vergleiche zu bemühen. Es sollte ja zumindest möglich sein, elementare Formen im Sinne eines analytischen Realismus zu identifizieren, der paradigmatische Idealtypen durch historische Präzedenzfälle zu belegen sucht. Neben dem Totem sind die Trophäe (Spencer [1880] 2010), die Gabe (Mauss [1925] 2009) oder das Opfern eines Sündenbocks (Girard 1988) als solche Elementarformen dargestellt worden, von denen sich dann jeweils abgeleitete symbolische Äquivalente erschließen lassen.

Eine der hier anknüpfenden Debatten betrifft die Frage, ob es überhaupt *elementare Formen* gibt, auf die komplexere Erscheinungen zurückgeführt werden können. Ist es nicht gänzlich aussichtslos, ursprüngliche Varianten eines Kulturphänomens identifizieren zu wollen, da es am Ende allenfalls Familienähnlichkeiten und oberflächliche Ähnlichkeiten gibt. Ist nicht jede Kultur einzigartig und entzieht sich vielleicht zugleich einer rationalen Analyse?

Aus der Vielschichtigkeit, mehrfachen Gebrochenheit und inneren Widersprüchlichkeit symbolischer Bedeutungszusammenhänge, wie sie etwa in der *dichten Beschreibung* des balinesischen Hahnenkampfs aufscheinen, ergeben sich nämlich sogar Zweifel daran, ob Symbolik überhaupt eine Bedeutung haben kann, die sich in eindeutiger Weise auf bestimmte äußere Umstände beziehen lässt oder ob es sich vielmehr allein um eine in sich geschlossene Gegenwelt, ein selbstbezügliches Spiel mit Gegensätzen und internen Relationen handelt (siehe Sperber 1975). Es scheint als ließen sich systeminterne Konstruktionen dann nur um den Preis eines selektiven Problemfokus mit real gegebenen Kontextbedingungen in Verbindung bringen (siehe zum Überblick Abbildung 3.2).

Studie/ Paradefall	Typischer Vorwurf	Lösung
Regentanz	Funktionalistischer Fehlschluss	Bezugsproblem als Hypothese vorab festlegen
Kula-Ring	Ethnozentrismus	Perspektivenwechsel und kritische Distanzierung einüben
Passage-Rituale	Handeln muss über Bewusstseinsleistung der Akteure erklärt werden	Subjektiven und objektiven Sinn analytisch trennen
Totem	Unzulässige Verallgemeinerung	Kontrastierende Vergleiche anstrengen
Hahnenkampf	Selektiver Problemfokus	Dichte Beschreibung

Abbildung 3.2 Übersicht zentraler forschungsmethodischer Kontroversen (eigene Darstellung)

> ▶ Somit lässt sich die Geschichte der Ethnologie insgesamt als ein Pro-
> zess verstehen, im Zuge dessen es zu einer immer weitereichenden
> Entdeckung symbolischer Komplexität kommt, die zugleich einher-
> geht mit einer zunehmenden Relativierung des wissenschaftlichen An-
> spruchs auf eine objektive Rekonstruktion symbolischer Bedeutungen.
> Gleichwohl scheint man sich in der Ethnologie in einer Hinsicht einig
> zu sein: dass die wesentliche Bedeutung von Symbolik für Kultur über-
> haupt kaum genug betont werden kann.

Im vorherigen Kapitel waren bereits stichhaltige Gründe dafür vorgebracht worden, dass diese Überzeugung auch für die Moderne Evidenz besitzt. Erweisen sich
bereits die vermeintlich elementaren Formen der Symbolik traditionaler Kulturen
als immens komplexe Gebilde, so gilt dies umso mehr für die Gegenwartsgesellschaft. Dabei mögen symbolische Mechanismen positive wie negative Aspekte beinhalten, aber sie sind damit eben nicht nur einfach nur irrational und antiquiert.

Im kursorischen Durchgang durch die Welt der Ethnologie waren jeweils bereits
die modernen Entsprechungen der angeführten Bräuche thematisiert worden. So
lassen sich Krisensitzung als moderne Regentänze, Weihnachtsgeschenke als Kula-
Ringe, Prüfungen als Übergangsriten, Vereinslogos als Totems und Fußballmeis-
terschaften als Hahnenkämpfe interpretieren. Teils folgen solche Entsprechungen
identischen Prinzipien, die nur etwas verdeckter bleiben oder uns allzu selbstverständlich erscheinen, um ohne den Umweg über die Ethnologie strukturell erfassbar
zu sein. Teils beinhalten solche modernen Äquivalente genau genommen nur bestimmte Aspekte, die das Original gleichsam in verwischter, entschärfter oder per-
vertierter Form imitieren. So wird aus der existenziellen Verbindlichkeit archaischer
Schwellenrituale in der modernen Industriegesellschaft ein spielerischer Schwebe-
zustand. Das lebensbedrohliche Initiationsritual wird etwa durch Freizeitspäße an
TÜV-geprüften Gummiseilen ersetzt. (Turner legt diesbezüglich großen Wert auf
die begriffliche Unterscheidung zwischen dem originär „liminalen" Zustand archaischer Stammesrituale und seinem modernen Pendant des „Liminoiden".)

Vor dem Hintergrund der beschriebenen ethnologischen Studien können wir
zudem *drittens* bereits das im vorausgehenden Kapitel angesprochene Verhältnis
von Symbolen und ihrer Funktionsweise weiter konkretisieren. Die in den Studien identifizierten Rituale und symbolischen Verweisungen lassen sich nämlich
nicht nur nach ihrer Komplexität und entlang ihrer forschungsmethodischen Problemstellungen unterscheiden, an ihnen lassen sich überdies die methodologischen
Grundmotive der Symbolanalyse in erweitertem Umfang illustrieren.

Der Regentanz und die skizzierten modernen Ableitungen markieren in besonderer Weise die Differenz zwischen manifester kultureller Praxis und latenter Symbolbedeutung. Das Meeting, Konferenzen und Weihnachtsfeiern repräsentieren nicht einfach gesellschaftlich etablierte Symboliken, sondern das Symbol vermittelt zwischen bewussten (manifesten) und unbewussten (latenten) Bedeutungsebenen. Am Beispiel des Regentanzes zeigt sich deutlich, dass mithilfe symbolischer Ordnungen die Oberfläche von Kulturerscheinungen durchbrochen und nach unbewussten Bedeutungen abgesucht werden kann.

Mit dem Tauschprinzip des Kula-Rings zeigt sich überdies die Beziehungsförmigkeit symbolischer Praktiken, die wir mit dem Prinzip der intersubjektiven Bedeutungsherstellung von Symbolen kombinieren können. Wenn Symbolbedeutungen interaktiv hergestellt werden und für Familien, Gruppen, Organisation oder Kulturen eine gemeinsame Handlungsgrundlage bilden, dann sind sie in besondere Weise auch in die Beziehungen der beteiligten Akteure verwoben. Insbesondere die hier skizzierten Tauschsymboliken wie Trophäen oder andere Warenmittel erzeugen im Hinblick auf die beteiligten Akteure kooperatives Handeln und nach außen hin ebenso symbolische Abgrenzungen.

Der Übergangsritus verdeutlicht hingegen das methodologische Prinzip der Transformation und Transmission symbolischer Bedeutung. In statusbezogenen Übergängen finden sich symbolische Verdichtungen. Der Übergang von einem Status zum anderen, einer Situation in die nächste oder von einer in die andere Gemeinschaft verlangt nach symbolischer Markierung, die anschließend zwischen dem Einzelnen und der Zugehörigkeit in einem sozialen Kontext vermittelt. An diesen Statuspassagen wachen gesellschaftliche Akteure und Institutionen, die die Bewältigung potentiell kritischer Übergänge übernehmen. In der Moderne scheint dies freilich eine ganz neue Qualität anzunehmen. Prekäre Zugehörigkeit, unklare Statuszuschreibungen, Statusinkonsistenzen usw. tendieren zur Aufwertung der eigenen Person mithilfe symbolischer Darstellungselementen. Dort, wo die Rolle des einzelnen in Gemeinschaften brüchig zu werden droht oder grundsätzlich nicht strukturell konsolidiert wird, braucht es Symboliken, die diese Zugehörigkeit nachträglich erzeugen. Kontrastiert man die symbolische Aufwertung von Zugehörigkeit mit vormodernen Gesellschaftsbeziehungen, die sich vordergründig stratifikatorisch differenzieren und vorbestimmte gesellschaftliche Platzierungen reproduzieren, so zeigt der Vergleich, dass moderne, offene und dynamische Gesellschaften auf dem Hintergrund ihres Leistungsprinzips auf symbolische Statusmarkierungen angewiesen sind. Das Statussymbol ist dann auch ein Ausdruck prekärer Gemeinschaftlichkeit und Zeugnis eines individuellen Bedürfnisses nach Zugehörigkeit.

Ähnlich verhält es sich auch mit dem Beispiel des Totems, das auf symbolischer Ebene gemeinschaftsbildend wirkt und eine Abgrenzung der Gruppe nach außen nach sich zieht. Bezogen auf die zuvor benannten methodologischen Prinzipien lässt sich am Beispiel des Totems besonders die Geltung symbolischer Ordnungen nachzeichnen. Denn das spezifische Totem bleibt lediglich einer spezifischen Gruppe als Symbol einer rituellen Praxis vorbehalten. Auch wenn der Totemismus insgesamt religiöse Rituale von Klangesellschaften näher beschreibt, wird mit dem speziellen Totem jeweils die Reichweite der Vergemeinschaftung symbolisch angezeigt.

Und zuletzt lässt sich am Beispiel des balinesischen Hahnenkampfes das Prinzip der symbolischen Ordnungsbildung nochmals hervorheben. Methodologisch haben wir den Standpunkt vertreten, dass Symbole gesellschaftliche Orientierungshilfen darstellen und von daher sinn- und bedeutungsverdichtend wirken können. Diese Form der symbolischen Komplexitätsreduktion lässt sich insofern am Hahnenkampf nachzeichnen, weil auch in seiner Praxis sich komplexe gesellschaftliche Strukturen verdichten, die man lediglich behutsam mit dichten Beschreibungen zu fassen bekommt. Sozialer Status und seine Negation, Wettkampf und Emotion werden im Hahnenkampf bedeutungsmäßig komprimiert und finden in ihm eine symbolische Ausdrucksform.

Aus der Distanz ethnologischer Betrachtungen erschließt sich somit in besonderer Weise die Komplexität symbolischer Ordnungen. Der Umweg über ethnologisches Material erweist sich damit nicht zuletzt als eine geeignete Strategie, sich Zugänge zur Funktionsweise von Symbolen schlechthin zu verschaffen. Wenn ein grundlegendes methodisches Problem der Sozialwissenschaften im Allgemeinen und der Symbolanalyse im Besonderen darin besteht, sich gedanklich und faktisch Symbolwelten zugänglich zu machen, dann zeigen ethnologische Studien und die hierin verwobene Forschungshaltung, wie man an Symbole herantreten kann und mit welchem Sensorium die Binnenperspektive der Symbolbedeutung freigelegt werden kann.

Gerade mit Blick auf die Gegenwartskultur gilt es nun weiterführende methodische Strategien des konkreten Umgangs mit den genannten Problemen der Symbolanalyse zu entwickeln. Hierzu sollen in den folgenden Kapiteln Lösungen vorgestellt werden, die jeweils auf bewährten Schlüsselprinzipien unterschiedlicher Ansätze der qualitativen Sozialforschung beruhen.

3.8   Literaturempfehlung: Die symbolische Komplexität an Beispielen aus der Ethnologie

Auf den Spuren ethnologischer Forschungen lassen sich nicht nur fremde Symbolwelten analytisch einfangen, sondern auch Quervergleiche zu modernen Symbolpraktiken anstellen. Die faktische oder künstliche Fremdheit gegenüber symbolischen Ordnungen bildet dabei die Voraussetzung, die Komplexität des Symbolischen umfassend zu durchdringen und neue bzw. überraschende Einsichten zu gewinnen. Wir empfehlen, unabhängig vom konkreten Forschungsvorhaben und zur Einübung eines „ethnologischen Blicks" auf Symbole, sich mit klassischen Studien wie die von Geertz (1973) oder von Malinowski (1979) zu beschäftigen.

Geertz, Clifford (1973): Dichte Beschreibung. Beiträge zum Verstehen kultureller Systeme, Frankfurt/M.
Malinowski, Bronislaw (1979): Argonauten des westlichen Pazifik. Ein Bericht über Unternehmungen und Abenteuer der Eingeborenen in den Inselwelten von Melanesisch-Neuguinea, Frankfurt/M.

Qualitative Forschungslogik 4

Das Dreieck Theorie – Empirie – Methode

Zusammenfassung

Als hermeneutische Methode versteht sich auch die Symbolanalyse als theorie-generierend und entdeckend. Dieses Kapitel stellt nun die Grundzüge qualitativer Forschungslogik vor. Zuerst werden die Probleme der Gegenstandsangemessenheit, der Methodenangemessenheit und der Theorieangemessenheit erläutert. Anschließend wird der reale Forschungsprozess als zyklisches Durchlaufen des Forschungsdreiecks *Theorie – Empirie – Methode* geschildert. Nur so lässt sich am Ende ein gelingendes Zusammenspiel von theoretischen Vorüberlegungen, passender Empirie und effektiver Interpretationsstrategie gewährleisten.

4.1 Thema, Daten und Methode als Eckpunkte wissenschaftlicher Forschung

Es ist eine vergleichsweise triviale Aussage:

▶ Zu jeder Art von Forschung gehören ein Thema, empirisches Material und eine wissenschaftliche Methode.

Forschung bedarf *erstens* grundsätzlich einer problemorientierten Fragestellung, die sich auf einen realen empirischen Gegenstand bezieht, wobei der Begriff

Gegenstand hier durchaus im abstrakten Sinne zu verstehen ist. Es kann sich hier
womöglich um Phänomene wie die Rotverschiebung, die Evolution, das Gedächt-
nis oder die Bürokratie handeln.

Während der Theorie-Ecke die Verantwortung dafür zufällt, den Gegenstand in
begrifflicher Hinsicht zu definieren, bleibt es *zweitens* der Empirie-Ecke überlas-
sen, für gesicherte Informationen und eine verlässliche Datengrundlage zu sorgen.
Um ihn erforschen zu können, muss die Forschung ihren Gegenstand ja mittels
ihres empirischen Sensoriums erst einmal erfassen. Sie hat die Verfügbarkeit aus-
sagekräftiger Daten zu gewährleisten und solche gegebenenfalls gezielt zu generieren. Wörtlich genommen soll etwa eine Erhebung die relevanten Informationen
zuverlässig gleichsam aus dem Sumpf der Realität ins Licht der Wissenschaft he-
rausheben.

Das reine Sammeln, Sichern und Systematisieren von Datenmaterial kann jedoch nur in einem sehr weiten Sinne als wissenschaftliche Forschung gelten. Eine
Messreihe, eine Sammlung von Steinen oder eine Volkszählung beispielsweise sind
per se noch keine wissenschaftliche Studie. Da für die Ausbildung von Fachleuten
die Etablierung einer brancheninternen Informationslogistik natürlich von großer
Bedeutung ist, werden diesbezügliche Vorhaben und Einrichtungen zwar gemeinhin der Wissenschaft zugerechnet. Im engeren Sinne spricht man von Forschung
aber doch wohl erst dann, wenn *drittens* ein methodisch kontrolliertes Verfahren
der Auswertung theoriefokussierter Beobachtungen zum Einsatz kommt. Selbstverständlich gehört dabei der selektive Zugriff auf das vorhandene Datenmaterial
bereits zur Methodik dazu. Falls dieses Material im Zuge der Studie eigens produ-
ziert wird, hat natürlich auch die diesbezügliche Erhebung unweigerlich Methode.
In diesem Fall kann die Methode der Datenauswertung selber im engeren Sinne
unterschieden werden von den Strategien der Informationsaufbereitung und den
Techniken der Theoriebildung. Selbst die Themenwahl folgt ja schon gewissen
methodischen Vorgehensweisen, wenn es darum geht, den Forschungsstand zu
sichten, die Begriffe zu präzisieren und ein logisches Gerüst zur Modellbildung
zu entwickeln, in das sich im Anschluss Diagnosen, Erklärungen und Folgefragen
einarbeiten lassen.

4.2   Symbolanalysen als Forschungskomplex

An den Eckpunkten des forschungspraktischen Dreiecks *Theorie – Empirie – Methode* lassen sich auch die wichtigsten Strategien der Symbolanalyse festmachen.
Sie ergeben sich somit aus grundlegenden Maximen qualitativer Forschungslogik, die wiederum letztlich auf allgemeinen wissenschaftlichen Prinzipien basie-

ren (Hildenbrand 2000). Diese Eckpunkte der Forschung lassen sich jedoch nur schwer separieren und losgelöst voneinander diskutieren, vielmehr bestehen zwischen ihnen eine reflexive Beziehung und forschungspraktische Spannungen, die im Forschungsprozess austariert werden müssen (Steinke 2000). In der konkreten Anwendung zeigen sich diese Verschränkungen dann als Fragenbündel einer gegenstandsangemessenen, methodenangemessenen und theorieangemessenen Forschung.

Mit der *Gegenstandsangemessenheit* wird die Frage hervorgehoben, ob die gewählte Methode und die theoretischen Hintergründe auch mit dem konkreten Untersuchungsobjekt kombiniert werden können. Für Symbolanalysen ist daher nicht zu fragen, ob Herz, Kleeblatt oder Verbotsschild angemessene Forschungsgenstände darstellen können, sondern welche soziale Sinn- und Bedeutungsebene mit ihnen durchdrungen werden soll.

Beispiel

Um diese Differenz forschungspraktisch zu umreißen: Das Herz könnte beispielsweise die soziale Bedeutung der Paarbildung unterstreichen und dabei als symbolisches Unendlichkeitsversprechen der Liebesbeziehung fungieren (Allert 1998). Genauso kann man mit der Herzsymbolik auch konkrete Handlungsabläufe analysieren, beispielsweise dann, wenn man das Herz als Zeigegeste nach dem Torerfolg beim Fußballspiel analysiert. Dabei stünde die handlungspraktische Frage im Mittelpunkt, was alles getan werden muss, damit das Herz auf dem Fußballplatz sozial zur Geltung kommen kann. Torschuss, Jubelpose und Fanreaktionen müssten dabei analytische Berücksichtigung finden.

Die Herzsymbolik lässt sich zudem als Ausdruck habitueller Orientierungen analysieren, wenn man sie beispielsweise als Ausdrucksgestalt milieugebundener Lebensstile interpretiert (Bourdieu 1982). In diesem Fall könnte das Herz das Harmoniebedürfnis kleinbürgerlicher Milieus symbolisieren (siehe exemplarisch Schulze 1992).

Ethnographische Erkundungen würden sich hingegen für die konkrete Funktionsweise und den Praxisgebrauch des Herzsymbols interessieren. Die Beobachtung von Jahrmärkten oder Friedhöfen ließen sich hier exemplarisch als Untersuchungsfelder ins Visier nehmen. Auch wenn ein relativ konkreter Gegenstand, beispielsweise das Herz, im Analysezentrum steht, lassen sich an und mit ihm unterschiedliche Forschungsstrategien begründen. Nicht der

Gegenstand bestimmt dabei das Forschungsprogramm, sondern die Passung zwischen Gegenstand und dem gewählten methodischen Instrumentarium.

Das Kriterium der *Methodenangemessenheit* verschiebt den Fokus auf die Frage, ob die Grundsätze der gewählten Methode und die dort vorgegebenen Analyseschritte auch in der eigenen Forschungspraxis eingehalten wurden. Grundsätzlich lassen sich Forschungsmethoden danach differenzieren, ob sie sich stärker als Erhebungs- oder als Auswertungsverfahren verstehen. *Erhebungsmethoden* wie Experteninterviews (Bogner u.a. 2009), Gruppendiskussionen (Bohnsack u.a. 2010) oder auch die Teilnehmende Beobachtung (Aman und Hirschauer 1997) betrachten sich schwerpunktmäßig als methodisch kontrollierte Vorgehensweisen der Datengewinnung und arbeiten insofern auch mit einer unterschwelligen Vorstellung „besserer" und „schlechterer" Datengrundlagen. Wer am Beginn der Forschung, also bei der Datenerhebung, den Forschungsaufwand intensiviere, wäre auch in anschließenden Auswertungsrunden mit weniger Deutungs- und Interpretationsarbeit konfrontiert. Hier findet sich die Vorstellung wieder, Informationen möglichst unverfälscht und mit Blick auf theoretische Überzeugungen von der Praxis „abzuschöpfen". Die Zuverlässigkeit, Genauigkeit und Flüchtigkeit der generierten Daten rückt dabei ins methodische Aufmerksamkeitszentrum (Bergmann 1985).

Am anderen Pol stehen reine *Auswertungsmethoden,* die schwerpunktmäßig darauf abzielen, auch die „verschlossenen" Bedeutungsschichten des vorliegenden Materials aufzuschließen. Nicht die Qualität des Materials wird dabei betont, sondern die Qualität der darauf aufbauenden Interpretation hervorgehoben. Für Auswertungsmethoden kann grundsätzlich jede Form der Praxis, insofern sie sich dokumentieren lässt und material verfügbar ist, einer hermeneutischen Analyse unterzogen werden. Ob Transkripte, Bilder, Organigramme, Beobachtungsprotokolle oder Aktendokumente, alles was die Praxis als erfassbares Produkt hervorbringt, kann auch interpretiert werden.

Für Symbolanalysen gehen wir in jedem Falle von einer zirkulären Bewegung zwischen Erhebung und Auswertung aus. Für die Betonung der Erhebungsseite spricht, dass Symbolanalysen nur dort sinnvoll durchgeführt werden können, wo der Erhebung bereits auch ein Grundverständnis für die gesellschaftliche Bedeutung von Symbolen vorausgeht. Die Funktionsweise von Symbolen adäquat im Datenmaterial zu fixieren, bildet die Vorbedingung sie weiterer Interpretationen zugänglich zu machen. Symbole liegen daher nicht einfach vor und lassen sich nicht einfach „abfragen", sie sind gedankliche Konstruktionen, die ein besonderes Gespür für ihre Ausdruckformen verlangen (Schütz 2004).

Natürlich sollen Symbolanalysen aber auch nicht bei der Erhebung und Deskription der konkreten Symbolverwendung stehen bleiben. Wir verstehen Symbolanalyen als eine hermeneutische Tätigkeit und damit als eine Form offener und kreativer Deutungs- und Interpretationsarbeit. Wie andere rekonstruktive Verfahren auch, müssen ihre Interpretationen und Deutungen dabei den Kriterien von Nachvollziehbarkeit und Generalisierbarkeit gerecht werden können. Methodenangemessen ist die Symbolanalyse dann, wenn sie sich zyklisch zwischen Erhebung und Auswertung bewegt und die Differenz beider Analyseschritte zu reduzieren versucht. Denn wer sich einseitig auf Methoden der Datenerhebung konzentriert, läuft Gefahr riesige Datenmengen zu erzeugen, ohne über Kriterien zu verfügen, wann eine Datengewinnung abgeschlossen werden kann. Anderseits müssen weitreichende Interpretationen in der Auswertung auch empirisch gesättigt sein und benötigen von daher einer fortwährenden empirischen Überprüfung. Wir gehen insofern von einer schrittweisen Erhebung und Auswertung aus, bei der sich die Materialsuche aus den Vorüberlegungen bereits gewonnener Hypothesen oder Vermutungen herleitet. Ähnlich der Vorstellung einer empirisch begründeten Theoriebildung wird der Forschungsprozess dabei zunächst als offener Deutungsprozess verstanden, der sich erst in der Auseinandersetzung mit dem Forschungsmaterial verdichtet und sich insofern immer wieder empirisch zu bewähren hat (Strauss und Corbin 1997).

Theorieangemessenheit bedeutet anschließend, die Befunde der Symbolanalysen nicht über den Geltungsbereich ihrer theoretischen Einbettung hin zu beanspruchen. Wir haben bereits darauf hingewiesen, dass rekonstruktive Verfahren auf sozialtheoretischen Annahmen beruhen, die auch das Forschungsinteresse theoretisch grundieren. Interessiert man sich für habituelle Orientierungsmuster, latente Sinnstrukturen oder kognitive Wissensstrukturen, sollte sich das auch in den hinzugefügten theoretischen Argumentationen entsprechend niederschlagen. Bereits mit den methodologischen Grundannahmen der Symbolanalyse (Kapitel 2) kann darüber hinaus dem nicht seltenen Vorwurf einer allgemeinen Theorielosigkeit hermeneutischer Forschungsarbeiten entgegengetreten werden. Auch die Hinzunahme weiterer theoretischer Argumentationen muss daher mit den theoretischen Grundannahmen harmonisieren und darf darüber hinaus das empirische Material nicht überfordern. Theorienangemessene Forschung bedeuten dann, Symbolanalysen nicht in bekannte Theorien einzupassen, sondern entlang theoretischer Argumentationen empirisches Material zu sondieren und analytisch aufzuschließen. Soziologisch veranschlagte Theorien haben dabei nur solange Bestand, solange sie in Bezug auf die Materialanalyse neue Deutungen hervorbringen können. Theorien bewegen sich dabei nicht im Status idealisierter Überbauten, sondern im Modus heuristischer Suchbewegungen, die das Material besser und immer nur vorläufig zu verstehen helfen (Kleining 1995). Der Projektzusammenhang von Symbolanalysen lässt sich daher als Gesamtkomplex von Gegenstand, Methode

und Theoriebildung betrachten, den wir im Folgenden nun unter dem Gesichts-
punkt des Forschungsprozesses näher ansprechen wollen (siehe Abbildung 4.1).

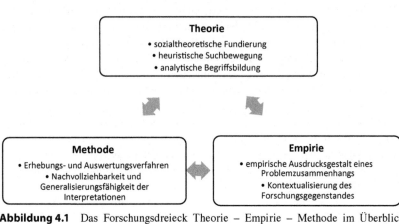

Abbildung 4.1   Das Forschungsdreieck Theorie – Empirie – Methode im Überblick
(eigene Darstellung)

4.3   Das einfache 3-Phasen-Schema des Forschungsweges

Gerade weil nun die aus dem forschungslogischen Dreieck ableitbaren Phasen der
Theoriearbeit, der empirischen Datenerhebung und der methodisch kontrollierten
Analyse des Materials im Falle qualitativer Sozialforschung in besonderem Maße
zirkulär aufeinander aufbauen, erweist es sich als umso wichtiger, sie unter logischen Gesichtspunkten strikt voneinander zu unterscheiden.

Der geläufigen Vorstellung zufolge kommt zuerst die Theorie, die der Hypothe-
senbildung dient. Aus den formulierten Vorannahmen ist dann eine Erhebungsstrategie abzuleiten. Es gilt in Form einer Versuchsanordnung, Messreihe oder
Umfrage etc. Zugriff auf den betreffenden Wirklichkeitsausschnitt zu nehmen. Die
gezielte Entnahme von materiellen Proben oder ideellen Informationen ermöglicht
dabei eine Übersetzung der Tatsachen in methodisch belastbare Daten. Hierbei
kann es sich zum Beispiel um Zahlen, Bilder, textförmige Informationen handeln,
sofern diese nur einer intersubjektiv überprüfbaren Analyse standhalten, sich also
präsentieren und archivieren lassen. Natürlich erfolgt die Datenerhebung immer
schon mit Blick auf eine spezielle Analysemethode, die dann im anschließenden
Schritt der Datenauswertung Anwendung finden soll. Zuletzt mündet die Studie

logischerweise wiederum in einer theoretischen Deutung der gewonnenen Befunde. Die Unabgeschlossenheit von Deutungen und die Vorläufigkeit der Forschung
gehört dabei konstitutiv zum Forschungsprogramm von Symbolinterpretationen.
Schon insofern handelt es sich also um einen zirkulären Prozess, als sowohl der
Anfang als auch das Ende des Forschungsprozesses eine Phase der Theoriearbeit
beinhaltet. Zwar ist die theoretische Begriffs- und Modellbildung eigentlich erst
das Ziel der Forschung. Bereits im Voraus bedarf es allerdings wissenschaftlicher
Konzepte und Begrifflichkeiten, um überhaupt eine ganz bestimmte Fragestellung
zu formulieren. Allein aus einer hinreichend exakten Fragestellung ergibt sich
dann die Materialauswahl, welche wiederum die Auswertungsstrategie bestimmt.
Genau genommen beinhaltet die Dramaturgie des Forschungsprozesses vier Phasen:

1. Theoriebasierte Fragestellung

2. Empirische Erhebung

3. Methodisch kontrollierte Auswertung

4. Auslegende Theoriebildung

Abbildung 4.2   Das idealisierte Schema des Forschungsablaufs (eigene Darstellung)

Dieses idealisierte Schema des Forschungsablaufs liegt gewöhnlich sozialisieren-
den Unterrichtsritualen in der naturwissenschaftlichen Begabtenförderung oder in
der universitären Lehrforschung zugrunde. Auch im Projektbetrieb sieht man sich
häufig gezwungen, sich per Antragstellung an eine entsprechende Vorgehensweise
zu binden, sich also vorher auf spezielle Hypothesen, konkrete empirische Grundlagen und (etwas allgemeiner:) verwendete Analysemethoden festzulegen.

4.4   Der reale Forschungsprozess als Spirale rekursiver Zyklen und Schleifen

In Wirklichkeit lassen sich ernstzunehmende Erkenntnisse freilich in der Regel
erst erwarten, nachdem die drei Phasen in zahllosen Zyklen im großen wie im
kleinen Maßstab durchlaufen wurden. Dies gilt zumindest und insbesondere für

qualitative Studien, vor allem aber für solche, die mit Fragen der Symbolanalyse
in Zusammenhang stehen. Die qualitative Forschung verfolgt daher typisch eine
zirkuläre Taktik des spiralförmigen Einkreisens, bei der Thema, Materialgrundlage und Analysestrategie erst nach und nach präzisiert, eingegrenzt und entwickelt
werden.

Daher ist zunächst überhaupt der geradezu intuitive Entschluss für einen hoff-
nungsvollen Startpunkt erforderlich, sei es im Ausgang von einer interessanten
Beobachtung, einem Begriff oder einem konkreten Gegenstand. Der vorläufigen
Festlegung auf ein Thema folgt nun eventuell eine erste imaginäre Betrachtung
von beispielhaften Tatbeständen aus dem eigenen empirischen Erfahrungshori-
zont. Im Anschluss an die provisorische Gegenüberstellung dieser ausgewählten
Referenzfälle kommt es dann bereits zu einer ersten Weiterentwicklung der Kategorien. Auf diese Weise lässt sich überdies festhalten, was man schon a priori zu
wissen meint, um nicht am Ende womöglich unbemerkt völlig triviale Erkenntnisse als Forschungsergebnisse zu präsentieren.

Beispiel

Ausgehend vom weitesten hier in Frage kommenden Thema: den Symbolen im
Allgemeinen, lassen sich etwa im Kreis einer Seminargruppe schnell einige
Beispiele für symbolische Phänomene sammeln. Indem diese einander gegenübergestellt werden und nach deren praktischen Bedeutung gefragt wird, ergeben sich sofort Ansätze zur versuchsweisen Bestimmung von Art und Typus
der jeweiligen Symbolik. Hieraus lässt sich dann unmittelbar ein ganzes Spektrum von spezielleren Theoriefragen ableiten und innerhalb dieses thematischen
Möglichkeitsraums eine etwa im Rahmen der Lehrforschung zu verfolgende
Fragestellung eingrenzen.

Vor diesem Hintergrund wäre sodann die Aufgabe anzugehen, eine pragmatische
Auswahl von konkreten Kontexten, Orten, Ereignissen zur empirischen Fokussierung zu treffen. Kriterium für die Suche nach angemessenem Material ist allein,
dass in ihm möglichst typische, unter rein exemplarischen Gesichtspunkten repräsentative Praktiken im Sinne des Forschungsthemas zum Ausdruck kommen
sollen. (Der empirische Fokus lässt sich später ganz unproblematisch in Richtung
des einen oder anderen Schwerpunkts erweitern.)

4.5   Pragmatische Verkürzungen im Rahmen institutionalisierter Wissenschaftspraxis

Da soziale Phänomene nicht zuletzt aufgrund ihrer symbolischen Komplexität nur schwer zu fassen sind und sich zugleich im Geiste alltäglicher Klischeevorstellungen nur allzu leicht erklären, wird der Forschungsprozess häufig in der real existierenden Soziologie eher verkürzt simuliert als mit letzter idealistischer Konsequenz hingebungsvoll zelebriert. Der wissenschaftliche Anspruch auf Entschlüsselung sozialer Sinnzusammenhänge wird notgedrungen strategisch aufgeweicht, um etwa ein Thema für Zwecke der Karriere- und Institutionenentwicklung im Stile einer akademischen Landnahme großspurig zu besetzen, das für die Zuschreibung eines Expertenstatus erforderliche Wissensdifferential aufrechtzuerhalten oder subsumtionslogisch eine bereits feststehende Position zu untermauern.

Sicher sind derlei Kompromisse an das lehrbuchgemäße Forschungsideal existenziell notwendig und zu große Ansprüche im Studium, bei Doktorarbeiten, repräsentativen Großprojekten usw. mögen überzogen und unrealistisch sein. Gleichwohl sollte eine wirklich konsequente wissenschaftliche Herangehensweise nicht unbedingt von Nachteil sein, gibt sie mir doch immerhin in kognitiver Hinsicht Orientierung und vermag gegebenenfalls originelle Resultate zu erbringen, die sich im Rahmen akademischer und öffentlicher Diskurse gegebenenfalls als provokante Aufmerksamkeitsbinder eignen.

4.6   Wissenschaftliche Themenkultivierung oder präzise Fragestellung?

Um ein Themengebiet nachhaltig zu besetzen, empfiehlt es sich zwar augenscheinlich, die hierin verankerten Fragestellungen möglichst offen zu lassen und diese stattdessen an die vagen Vorstellungen und gängigen Schlagwörter der anvisierten Öffentlichkeit anzulehnen, Zeitungsthemen aufzugreifen und sich an das Vokabular der politischen Rhetorik zu halten. Man befasst sich mit *der* Armut, mit *der* Arbeit, mit *dem* Alter, und wenn dabei auch Probleme wie Stigma, Selbstverwirklichung beziehungsweise Weisheit als spezifisch symbolische Qualitäten thematisiert werden mögen, dann dienen diese vorrangig als kommunikative Ankerpunkte, um im Feld Fuß zu fassen. Empirische Untersuchungen und die diesbezüglich publizierten Studien gewinnen damit indes primär die Funktion, als inhaltliche Füllmasse zu fungieren. Sie verstehen sich als reine Illustrationen theoretischer oder forschungspolitischer Überzeugungen.

Aus Sicht einer hermeneutischen Symbolforschung kann diese Vorgehensweise wenig überzeugen. Sie kollidiert bereits mit einem Grundsatz rekonstruktiver
Forschungsarbeiten, der darin besteht, Hypothesen an Forschungsgegenständen zu
generieren und auch bestehende Theorien immer wieder am Forschungsmaterial
in Zweifel zu ziehen (Rosenthal 2008, S. 48ff.).

Präzise Fragestellungen müssen allerdings keineswegs eine unnötige Einengung des Forschungsprofils darstellen, sie können sich vielmehr zu einem ebenso
dicht vernetzten wie weitreichenden System verflechten. Die eigentlichen Themen-
gebiete werden dann durch die Wissenschaft autonom konstruiert, und vielleicht
geht es folglich am Ende gar nicht um eine Physik des Eisens und des Wassers,
eine Astronomie des Mondes und des Mars, sondern um „Leitfähigkeit" und
„Thermodynamik" beziehungsweise „Himmelskörpermechanik" und „Weltraum-
strahlung", nicht um eine Sozialkunde Bayerns und eine anwendungsorientierte
Migrationsforschung, sondern um Fragekomplexe der „Organisationssoziologie"
und der „Ethnomethodologie".

Nichtsdestotrotz kann man sich aus dem sternenklaren Sinnkosmos der Wissenschaft heraus ja hernach auch öffentlich zu Themen in Begriffen des Volksmunds,
der Medien und der linken oder auch rechten Kritikmilieus äußern: zu Kapitalismus, Pädophilie, Wertewandel, Diskriminierung, Herrschaft, elitärer Doppelmo-
ral etc. Tatsächlich erforschbar bleiben indes nur solche Fragestellungen, die strikt
im Rahmen wissenschaftlicher Kategorien definiert werden und dabei zugleich die
schärfende Reflexion dieser Kategorien vorantreiben.

4.7   Göttliches Hochsitzpanorama
oder exquisite Materialauslese?

Das empirische Pendant zu der theoretischen Grundsatzentscheidung, ob ein Forschungsvorhaben primär ein vages Themengebiet zu besetzen strebt oder seine
Fragestellung präzise zu bestimmen versucht, bildet die Frage, ob die unternommenen Streifzüge durch das Forschungsfeld dazu genutzt werden, umfassende
Datenschätze zu horten, oder ob gezielt nach fallspezifischen Spuren gesucht wird.

Die erste Strategie setzt exzessiv auf eine breite Materialgrundlage, um
gleichsam wissenschaftliches Kapital in hauseigenen Datenbanken anzuhäufen.
Die vorgehaltene Empirie dient dann vornehmlich der symbolischen Demonstration einer überlegenen Einsicht in bereichsbezogene Details und Facetten. In der
Erhebung manifestiert sich quasi ein göttlicher Kontrollblick. Die Zuschreibung
von wissenschaftlicher Expertise bemisst sich ja vorrangig an dem glaubwürdi-
gen Eindruck, durch invasive Forschungsaktivitäten seien exklusive Einblicke

in ein unübersichtliches Feld zu gewinnen. Qualitative Studien können in diesem Sinne schlicht den Charakter einer illustrativen Verdoppelung der Realität annehmen. Die Auswertung bleibt dann ein weitgehend leerlaufender Abstraktionsprozess, der die präsentierten Daten lediglich mit einem kommentierenden Subtext aus wissenschaftlichen Kategorien versieht, um die standesgemäße Distinktion der wissenschaftlichen Beobachtung gegenüber der Praxis aufrechtzuerhalten.

Zweifel an einer solchen Forschungskultur der „überheblichen Observierung" erwachsen nicht zuletzt aus der forschungspraktischen Konsequenz einer heillosen Überforderung mit unüberschaubaren Datenmengen, wie sie etwa auch im Kontext geheimdienstlicher Überwachungstechniken bekannt ist. Daher bemüht sich eine zweite Strategie darum, eine problemfokussierte Materialauswahl vorzunehmen. Die Empirie soll allein signifikante Phänomene dokumentieren, die unmittelbar mit einer exakt definierten Forschungsfrage in Zusammenhang stehen. Die Datengewinnung bleibt strikt dem Bemühen um exquisites Material verpflichtet, in welchem sich der durch die Forschungsfrage definierte Wirklichkeitsausschnitt in bestmöglich verdichteter Form abschöpfen lässt. Sie sollen aus dem Wüstengrund der sozialen Welt archäologischen Fundstücken gleich unbeschadet gehoben werden, ohne die Instrumente des hermeneutischen Laboratoriums mit Unmengen aus sandigem Beifang zu belasten.

Die freiwillige Beschränkung des Datenvolumens muss nicht notwendig einen Verlust an repräsentativer Aussagekraft mit sich bringen. Sie soll im Gegenteil dazu beitragen, die Komplexität der Wirklichkeit in geeigneter Weise so zu reduzieren, dass ihre strukturelle Maserung sich nur umso deutlicher abzeichnet. Was quantitative Methoden durch die Transformation der Welt in zahlenförmige Daten erreichen wollen, dies muss die qualitative Forschung ja durch die behutsame Fokussierung des Blicks auf diejenigen materialisierten Schichten gesellschaftlicher Praxis erreichen, in denen latente Muster sich am greifbarsten verraten könnten: von der Stellung der Füße bei Gruppeninteraktionen bis hin zu freudschen Versprechern.

Was die Qualität qualitativer Daten bei Symbolanalysen anbelangt (siehe hierzu grundlegend Helfferich 2005), gehen wir aber nicht von einer Unmittelbarkeit der Datengewinnung aus, die beispielsweise in der Befragung durch standardisierte Interviews zur Anwendung kommt. Da Symbole tief in sozialen Praktiken und kulturellen Selbstverständnissen verwurzelt sind, lassen sich ihre Funktionsweisen und Bedeutungszusammenhänge erst durch umfassende Interpretationen erfassen. Mit der empirischen Sprachlosigkeit von Symbolen steigt nicht nur die Notwenigkeit adäquater Erhebungsinstrumente, sondern auch die Verstricktheit des Forschers im symbolischen Forschungsfeld erheblich an. Das Standardproblem der Doppelrolle von Feldbeteiligung bei der Datenerhebung und der wissenschaftlichen Distanzierung wird daher bei Symbolanalysen zu einem besonderen Problem (Honer 1993). Intuitives Verstehen von Symbolen muss gesteigert durch wissenschaftliche Fragestellungen so gebrochen werden, dass anschließend auch ein soziologisches Interesse und eine bearbeitbare Fragestellung den Forschungsprozess flankieren.

Über den Umweg einer forschungspraktischen Eingrenzung auf ganz bestimmte Aspekte können so empirisch konkrete Erkenntnisse gewonnen werden, die mehr als bloße Hintergrundinformationen zu öffentlich relevanten Themenbereichen sind, sondern vielmehr einem spezifisch wissenschaftlichen Problemzugang entspringen.

4.8   Subsumtionslogik oder gegenstandsbegründete Abstraktion?

Der vermeintlich unausweichliche Zwang zur gesellschaftlichen, zur politischen, zur akademischen Positionierung bringt indes wiederum einen Hang zur Subsumtionslogik mit sich. Diese Logik der Subsumtion ist gekennzeichnet durch einen selektiven Zugriff auf ausschließlich solche Fakten und Argumente, die den eigenen Standpunkt stützen. Nicht zuletzt wird dies durch eine strikte Lagermentalität des öffentlichen Raums im Allgemeinen gefördert, der dann teils auch akademische Einrichtungen gleichsam zu ideologischen Lockschuppen werden lässt.

Im Forschungsprozess schlägt sich dies zunächst seitens der theoretischen Vorüberlegungen darin nieder, dass keine offenen Fragen formuliert, sondern rollenkonforme Thesen verfochten werden, von denen Vertreter und Anhänger der betreffenden Forschergruppe bereits im Voraus entweder innerlich überzeugt sind oder die ihnen zumindest als legitime Anschlusskommunikation innerhalb des gegebenen akademischen Bezugsrahmens gilt. Wo die Umstände Opportunismus erfordern (zum Beispiel bei Qualifikationsarbeiten oder Forschungsanträgen), dort kann eine konkrete These nämlich gegebenenfalls auch unter strategischen Gesichtspunkten formuliert werden. Das empirische Material soll dann zwar vordergründig eine intersubjektive und unbefangene Überprüfung der These gewährleisten. Sofern die Untersuchung aber geradewegs darauf zugeschnitten ist, eine bestimmte Auffassung zu stützen, bekräftigt sie letztlich nur einen entsprechenden Blick auf die Wirklichkeit. Die Ergebnisse mögen vielleicht die eine oder andere Akzentuierung des betriebenen Fachdiskurses mit sich bringen, im Normalfall aber werden sie ja kaum zum Revidieren des vertretenen Paradigmas führen. Forschung kann ja hinsichtlich öffentlicher Anerkennung und organisatorischer Betriebsamkeit „erfolgreich" sein, obwohl oder gerade weil sie

sich gegenüber empirischen Irritationen und der Informationsflut ihrer Umwelt-
kognitiv abschottet.

Natürlich geht es bei der Kritik einer solchen Subsumtionslogik also nicht um
den Vorwurf der Datenfälschung. Im Gegensatz zu einer nachträglichen Mani-
pulation nach dem Vorbild von digitalen Bildbearbeitungsprogrammen leuchtet
die Studie vielmehr die Welt mit dem kategorialen Licht der zugrundeliegenden
Theorie aus. Wie bei Verschwörungstheorien werden im Zuge der Analyse immer
mehr und ausschließlich solche Details in den Blick genommen, die einen Infor-
mationswert besitzen, sprich: sich mit dem theoretischen Dogma und seiner Mo-
dellsprache als kompatibel erweisen. Hierdurch wird aber in gewisser Weise eben
doch ein verzerrtes Bild der Realität gezeichnet, da die Auswertung nur noch nach
Belegen (oder gegenläufigen Phänomenen) sucht und keine gänzlich alternativen
Gesichtspunkte mehr in Frage kommen.

Zu kritisieren ist eine solche Vorgehensweise auch deswegen, weil sie sich
gegen den universitären Grundsatz der immanenten Kritik und der Logik des
„besseren Arguments" (Habermas 1981) durch nominalistische Begriffssysteme
zu immunisieren versucht, sodass jeder wissenschaftliche Diskurs durch theoretische Konfliktlinien gebrochen und der kollektive Erkenntnisprozess durch eine
mangelnde oder zumindest mangelhafte Diskussion am Gegenstand zum Erliegen
kommt. Um die aus theoretischen Voreingenommenheiten erwachsenden Erkenntnisblockaden gezielt ins Visier zu nehmen empfiehlt es sich, bereits bei der Materialauslese eine selektive Datenerhebung zugunsten offener Erhebungsprinzipien
ohne dogmatische Engführungen abzulehnen. Um sich nicht vorschnell mit den
Mitteln einer Wissenschaftssprache von der Empirie zu distanzieren, bietet es sich
darüber hinaus an, die Sprache des Feldes solange als möglich im Forschungsprozess beizubehalten (Oevermann 2002). Statt einer theoretischen Überformung und
sprachlichen Überhöhung der Empirie ist eine genaue Erfassung der oft widersprüchlichen Praxisformen zu favorisieren.

Aus der Spirale von Vorerkenntnissen und theoretischen Überzeugungen he-
rauszutreten, ist ein nicht zu unterschätzendes Unterfangen. Denn auch „Vor-
urteile [sind] ihrerseits die Bedingungen möglicher Erkenntnis. Zur Reflexion
erhebt sich diese Erkenntnis, wenn sie den normativen Rahmen, in dem sie sich
bewegt, selber transparent macht [...]. Die transparent gemachte Vorurteilsstruk-
tur kann nicht mehr in der Ära des Vorurteils fungieren" (Habermas 1986: 49).
Die Subsumtionslogik kann daher nur dort ansatzweise vermieden werden, wo
nicht nur die einzelnen Analyseschritte dem Adressatenkreis der Studien transparent gemacht werden, sondern auch bereits die Materialauswahl für selbigen
nachvollziehbar bleibt. Erst dadurch werden kritische Stellungnahmen möglich,
die Leerstellen der Deutungsarbeit identifizieren und ggfs. ein Weiterdenken der

Befundlagen und Hypothesen vorantreiben. Der bestätigenden, theoretisch de-
duzierenden Forschungsstrategie steht daher auch der Grundsatz gegenüber, die
Vorläufigkeit der Hypothesen und Befunde mit einer falsifikatorischen Absicht
zu verbinden. Erst wenn sich Deutungen und Hypothesen durch den Einbezug
auch vermeintlich widersprüchlichen Materials nicht mehr widerlegen lassen,
sind auch die gewonnen Einsichten empirisch verlässlich. Diese Strategie sucht
nicht einseitig nach Bestätigung, sondern sie stützt sich auf eine umfassende Vor-
läufigkeitsvermutung.

Für gewöhnlich liegt der Knackpunkt also in der methodischen Vorgehensweise, welche darüber entscheidet, ob Forschung einer Logik der Subsumtion empirischer Phänomene unter etablierte Deutungsschemata und kognitive Klischees
folgt, oder ob sie die im Objektiv ihres Rasterkraftmikroskops wahrgenommenen
Muster neuerlich auf den Begriff zu bringen trachtet.

Eine unbefangene Offenheit für überraschende Einsichten muss dabei nicht per
se für eine unkritische, naive, affirmative Haltung stehen. Nur eine aus wissenschaftlicher Faszination für die strukturellen Raffinessen des Universums erwachsende Forschung vermag vielmehr dessen verdeckte Mechanismen zu enthüllen.
Und dies heißt im Besonderen: Allein eine problemfokussierte, aber erklärungs-
offene, undogmatische Symbolanalyse wird der Kultur ihr Geheimnis ablauschen
können.

4.9   Fazit: Das wissenschaftliche Potenzial qualitativer
Forschungslogik ausschöpfen!
Eine psychosoziale Herausforderung

Die forschungspragmatischen Modelle der *wissenschaftlichen Themenkultivie-
rung*, des *göttlichen Hochsitzpanoramas* und der *Subsumtionslogik* geben also den
Königsweg der Forschung vor, wenn es um Anliegen der akademischen Landnahme, der seriösen Expertise und der gesellschaftliche Positionierung geht – kurz:
um den unbarmherzigen Kampf um wissenschaftliche Anerkennung. Maximen
der präzisen Fragestellung, der exquisiten Materialauslese und der gegenstandsbe-
gründeten Abstraktion hingegen bilden die Quelle des Forschungserfolgs, sobald
Probleme inhaltlicher Art an Einfluss gewinnen.

Da die praktizierte Symbolanalyse wie jegliche Wissenschaftspraxis überhaupt in einem Spannungsfeld zwischen diesen beiden Polen situiert ist, bleiben
die Übergänge fließend. Jede ernsthafte symbolanalytische Forschung hat damit
offensiv dem Vorurteil entgegenzutreten, namentlich qualitative Methoden be-
inhalteten nichts als vages Gerede, subjektive Deutungen und besserwisserische
Schnüffelei im Sozialleben der Anderen.

Hierzu empfiehlt es sich insbesondere für ambitionierte Studien, in der Theorie auf präzise Fragestellungen anstelle von vagen Themen, in Sachen Empirie auf eine problemfokussierte Materialauswahl statt auf breite Datengrundlagen, sowie in methodischer Hinsicht auf eine sensitive Gegenstandsanalyse im Gegensatz zu einer Logik der Subsumtion zu setzen (siehe Abbildung 4.3).

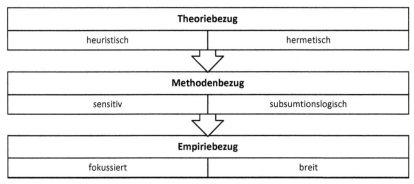

Abbildung 4.3   Forschungsstrategien im Kontrast (eigene Darstellung)

Gerade weil im Zuge des Forschungsprozesses die Phasen der Theoriebildung, der Erfassung empirischen Datenmaterials und der methodisch kontrollierten Interpretation in mehreren Schleifen durchlaufen werden, gilt es eine Vorgehensweise der strengen forschungspraktischen Trennung dieser drei Eckpunkte zu befolgen. Wenngleich ein Hin- und Herspringen gegebenenfalls möglich bleibt, müssen Phasenwechsel in jedem Falle transparent gehalten und kommunikativ markiert werden.

Während einer Theoriebildungsphase wäre es gänzlich verfehlt, bereits (beziehungsweise noch) auf empirisches Material zu schielen. Die Empirie bleibt hier für einen Moment außen vor. Denn einerseits schärfen nur so die Vorüberlegungen den Blick für den Überraschungswert der Praxis, während andererseits die theoretischen Schlussfolgerungen aus den gewonnenen Befunden ja die Schranken des Exemplarischen möglichst im Sinne verallgemeinernder Deutungsvorschläge überwinden sollten. Erst im Anschluss kann dies dann neuerlich in der prüfenden Konsultation von weiterem Datenmaterial münden.

Im Zuge der Datenerhebung verbieten sich demgegenüber voreilige Deutungen, die den Vorgang der unbefangenen Protokollierung beeinträchtigen und die Datenlage regelrecht verfälschen könnten. Die Wahl des Materials darf allein formal aus den theoretischen Vorüberlegungen abgeleitet sein, ohne schon durch inhaltliche

Gesichtspunkte beeinflusst zu werden (wobei dies ein relativer Unterschied sein mag, der vom Kontext des Forschungsprozesses abhängt). Die in einem späteren Schritt erfolgende Interpretation der Daten ist jedenfalls in der Regel darauf angewiesen, dass die feineren Nuancen des Materials noch nicht bekannt sind und erst im Zuge der Analyse in den Blick geraten.

In der Auswertungsphase ist es wiederum ratsam, sich bei der Interpretation zunächst strikt auf das vorliegende Material zu konzentrieren. Die interpretative Deutung ist also bis auf weiteres von einem Diskurs über die Aussagekraft der Daten und alternative Quellen frei zu halten. Grundsätzlich ist natürlich der begründete Wechsel zu theoretischen Grundsatzdebatten ebenso immer möglich wie ein vorläufiger Abbruch der Analyse, um stattdessen die Daten auf Fehler hin zu überprüfen oder die Aussagekraft des Materials anhand alternativer Daten zu kontrollieren.

> Gehen wir also zusammenfassend davon aus, dass alle angesprochen Teilaspekte der Forschung: die Empirie, die Methode und die Theoriebildung einer eigenen Logik folgen und eigenen Qualitätsansprüchen genügen müssen, aus der sich für den gesamten Forschungsprozess zwangsläufig Widersprüche ergeben, dann lassen sich auch für Symbolanalysen die resultierenden Spannungsverhältnisse nicht einfach auflösen. Eine Lösung des hier aufgerufenen methodischen Problems besteht allerdings darin, mit diesen problematischen Passungen reflexiv umzugehen und die Bewegung zwischen Empirie, Methode und Theoriebildung zyklisch zu verstehen. Konkret geht es also darum, Gegenstandsangemessenheit, Methodenangemessenheit und Theorieangemessenheit im Rahmen sich verdichtender Erhebungs- und Auswertungsrunden kritisch zu prüfen und im Bedarfsfall Korrekturen im Forschungsprozess vorzunehmen. Der Normalfall wird allerdings darin bestehen, dass empirische wie theoretische Irritationen zu einer immer wieder vorläufigen Neubetrachtung der Forschungsergebnisse auffordern.

Die qualitative hermeneutische Symbolanalyse versteht sich also keineswegs einfach als ein rezeptartiges Programm, das bei gegebenen Symbolen eine adäquate Entschlüsselung ihrer Bedeutung gewährleisten soll. Vielmehr präsentieren wir hier ein innovatives Konzept der „Triangulation" (Flick 2011) im doppelten Sinne. Zum einen beinhaltet unser Konzept ein schmales Bündel von bewährten Strategien des Umgangs mit fundamentalen methodischen Problemen. Zum anderen basiert es auf einer konsequenten Prozessualisierung des forschungslogischen

Dreiecks. Die Symbolanalyse ergibt sich also erst aus dem systematischen Zusammenspiel der drei Ecken Theorie – Empirie – Methode, zu denen sich jeweils einige profunde Faustregeln formulieren lassen.

Im Folgenden gilt es nun die mit den Eckpunkten des forschungslogischen Dreieckes jeweils verbundenen speziellen Probleme und Strategien der Symbolanalyse im Einzelnen durchzugehen. Das anschließende *Kapitel zur Fragestellung* befasst sich folglich mit dem zentralen Problem theoretischer Vorüberlegungen: Wie formuliert man eine geeignete, hinreichend sensitive Forschungsfrage? Das *Kapitel zur Materialgrundlage* adressiert das basale Problem der Datenerhebung: Wie trifft man themenbezogen eine auch unter pragmatischen Gesichtspunkten geeignete Materialauswahl? Das *Kapitel zur Auswertung* stellt sich dem wesentlichen Problem der hermeneutischen Interpretation: Wie geht man mit dem verfügbaren Material interpretationstechnisch um, damit aus der Analyse aussagekräftige Befunde herausspringen? Das *Kapitel zur Theoriebildung* befasst sich schließlich mit dem Kernproblem der Ergebnisauslegung: Wie lassen sich an die gewonnenen Erkenntnisse weiterführende Deutungsangebote und Erklärungsansätze anschließen, ohne damit die Grenze zwischen gesicherten Befunden und vertretbaren Diagnosen zu unterlaufen?

4.10 Literaturempfehlung: Symbolanalysen im Rahmen einer rekonstruktiven Forschungshaltung

Symbolanalysen sind qualitativ angelegte Forschungsbemühungen, die auf einer rekonstruktiven Forschungshaltung aufbauen. Grundlegend für diese Haltung ist die Überzeugung, sich methodisch kontrolliert und theoretisch informiert von der Praxis immer wieder aufs Neue überraschen zu lassen. Strauss und Corbin (1990) haben diesen Ansatz als „Grounded Theory" bezeichnet, bei der sich die Forschung stets vor der Praxis bzw. der „Empirie" zu bewähren hat.

Oevermann (2002) hingegen verdeutlicht diese Haltung mit Verweis auf grundlagentheoretische Argumentationen. Seine Überlegungen zielen darauf ab, die Eigengestaltungskraft der Praxis in ihrer inneren Verfasstheit hervorzuheben. Auch Symbolanalysen sind an der Dechiffrierung praktisch wirksamer Strukturen interessiert und fokussieren ihre analytische Erschließung.

Strauss, Anselm L., Corbin, Juliet (1990): Grounded Theory. Grundlagen qualitativer Sozialforschung, Weinheim.
Oevermann, Ulrich (2002): Klinische Soziologie auf der Basis der Methodologie der objektiven Hermeneutik – Manifest der objektiv hermeneutischen Forschung, Frankfurt/M. (abrufbar unter: http://www.ihsk.de/publikationen/Ulrich_Oevermann-Manifest_der_ objektiv_hermeneutischen_ Sozialforschung.pdf).

Zum Problem der Fragestellung

5

Von der Fallbestimmung
zum hypothetischen Strukturkonflikt

Zusammenfassung

Dieses Kapitel befasst sich mit der leicht zu unterschätzenden Aufgabe einer angemessenen Formulierung der Fragestellung. Zunächst wird gezeigt, wie sich im Rahmen der Fallbestimmung der Forschungsgegenstand genauer definieren lässt. Symbolanalysen können sich etwa auf die Ebene des Akteurs, der Paar- oder Familienbeziehungen, der Gruppe, der Organisation, des Milieus oder der Kultur beziehen. Entlang dieser Untersuchungsebenen veranschaulichen wir anschließend, wie anhand speziellerer Problemstellungen eine weitere Fokussierung des Blicks erreicht wird. Zur empirischen Sensibilisierung empfiehlt sich insbesondere die Postulierung einer hypothetischen Krisensituation, sodass die Praxis dann im Hinblick auf ihren (symbolischen) Umgang mit dem vermeintlichen Problem beobachtet werden kann. Wir führen exemplarisch vor, wie eine solche hypothetische Krise konkret aus der theoretischen Konstruktion eines strukturlogischen Widerspruchs abzuleiten ist.

5.1 Symbolanalysen als Fallstudien

Auch die Symbolanalyse nimmt in der Bestimmung einer Untersuchungseinheit ihren Ausgang. In der hermeneutischen Forschungstradition wird in der Regel von sogenannten Fallstudien oder allgemeiner einem Fallbezug der Forschung ausgegangen. Was aber alles zum Fall einer hermeneutischen Symbolanalyse werden kann und welche Untersuchungseinheiten darin verwoben sein können, wird mit dem hier verwendeten offenen Fallbegriff nicht vorgegeben. Weil grundsätzlich die Offenheit qualitativer Forschungsbemühungen (Hoffmann-Riem 1980) auch zu einer relativen Unschärfe potentieller Forschungsgegenstände führen kann, bedarf es zu Beginn der Forschung einer sich der Empirie annähernden *Fallbestimmung*.

5.2   Der Fall als analytische Untersuchungseinheit

Dass der Fallbegriff in der gesamten soziologischen Forschung eine prominente Stellung besitzt, darauf sei hier nur kurz hingewiesen. Quantifizierende Verfahren würden empirische Generalisierungen auf der Basis großer Fallzahlen anstreben, die sich wiederum zu einer Grundgesamtheit, also einer nationalen Gruppe, einer Bevölkerungsschicht, Haushalten oder Wählergruppen o.Ä. hin orientieren. Der statistisch organisierte, hypothesengestützte Forschungsprozess überprüft in Anlehnung an naturwissenschaftliche Standards die analysierten Einzelfälle auf empirische Größenverhältnisse, Verteilungsprinzipien und numerische Verallgemeinerungen.

In der hermeneutisch geprägten qualitativen Sozialforschung gilt der Fall hingegen als eine soziale Bezugseinheit, von dem aus sich verallgemeinerbare Aussagen hinsichtlich eines soziologischen Problems ziehen lassen. Die Umkehr der Forschungsstrategie von einem quantifizierenden Verfahren zu einem qualitativ angelegten Vorgehen besteht nun darin, ausgehend vom „Fall" die gesellschaftliche Funktionsweise, in unserem Fall von Symbolen, zu verstehen. Wir wollen daher im folgenden Kapitel zeigen, welche Untersuchungseinheiten sich mit dem Fallbezug verbinden können. Nachdem wir klären, auf welchen Fallniveaus Symbolanalysen vollzogen werden können, geht es in einem zweiten Schritt um das Problem einer dazu passenden Fragestellung. Ohne Fragestellung, also der Konkretion der Forschungsintention, bleiben empirische Symbolanalysen nicht abschließbare Interpretationsbemühungen.

Behelfsmäßig könnte man zunächst vermuten, dass jede soziale Einheit symbolische Ausdrucksformen hervorbringt, die anschließend einer Analyse unterzogen werden können. So können Personen, Familien, Organisationen, Gruppen, Milieus oder ganze Kulturen Beispiele eines Falls für Symbolanalysen sein. Auch weil vor einer Fragestellung zu klären ist, mit welchem sozialen Gegenstand man es in der Analyse zu tun hat, wollen wir im Folgenden an ausgewählten Beispielen die hier exemplarischen Fallebenen als Untersuchungseinheiten für Symbolanalysen umreißen. Einen Ausschließlichkeitsanspruch auf nur diese Fallebenen wollen wir daraus aber für symbolische Formationen und ihre Analyse nicht ableiten. Um diese Darstellung plastischer zu gestalten, werden wir für eine Skizze der Fallebenen auf klassische Fallstudien und Beispiele der soziologischen Forschung zurückgreifen.

5.3　Der Fokus Akteur als Fall von Statussymbolen

Wenn sich die Symbolanalyse auf die Perspektive des Akteurs konzentriert, liegt es nahe, soziologische Anschlüsse in der Biographieforschung (Rosenthal 1995; Schütze 1983), der Sozialisationsforschung (Lindesmith und Strauss 1983) oder bei Identitätskonzeptionen (Krappmann 1988) zu vermuten. Der Zusammenhang von Akteur und Symbol lässt sich mit Goffmans ([1959] 2003) „Theatermetaphorik" aber auch konzeptionell verallgemeinern. Auch im Alltag greifen wir auf symbolische Ausdrucksformen zurück, um unser Selbst vor einem imaginierten oder faktischen Publikum zu präsentieren. Der Akteur ist in sozialen Interaktionen aufgefordert, situativ auf soziale Rahmen und Interaktionssettings zu reagieren, mit dem Ziel, zwischen vorgegebener gesellschaftlicher Rolle und der eigenen Situationsbeteiligung eine Passung herzustellen. Symbolische Stil- und Ausdruckmittel fungieren dabei als Requisiten dieser Selbstrepräsentation. Berufliche Titel, Kleidungstile, Tätowierungen, Sprachduktus oder Tanzstile sind keine der Identität äußerlichen symbolischen Formate, sondern der jeweiligen sozialen Position und demjenigen, der diese Rolle einnimmt, „auf den Leib" geschrieben.

In der Sozialpsychologie ist dazu das Phänomen der symbolischen Selbstergänzung (Wicklund und Gollwitzer 1985) bekannt, das dort auftritt, wo zwischen persönlichem Wunschbild und dem faktischen Selbstbild Spannungen auftreten, deren Diskrepanzen symbolisch ausgeglichen werden müssen. Wenn also selbstgesetzte Ziele nicht erreicht werden können, können Ersatzziele sie zumindest symbolisch repräsentieren. Wenn das Ziel beispielsweise darin besteht, wissenschaftliche Erfolge vorzuweisen und in seinem Fach dafür Anerkennung zu finden, jedoch die eigene Leistungsfähigkeit dafür nicht unmittelbar ausreicht, können akademische Titel, Publikationslisten, Forschungsmittel, Netzwerktätigkeiten oder andere wissenschaftliche Nebenschauplätze diese symbolische Ergänzung quasi nachträglich herstellen. Insbesondere der Ausweis persönlicher Leistungen verknüpft sich nicht selten mit einer entsprechenden Leistungsschau. Das gesamte gesellschaftliche Arsenal von Statussymbolen ließe sich auf dieser Fallebene analytisch ins Visier nehmen. Denn gerade diese Ausdrucksformen versuchen eine Beziehung zwischen Individuum und gesellschaftlicher Positionierung herzustellen.

Beispiel

Wie man exemplarisch diese Akteursperspektive soziologisch als Analyseebene in den Blick nehmen kann, zeigt bereits die klassische Studie eines jugendlichen Delinquenten aus den 1930er Jahren. Die Geschichte des „Jack-Rollers" Stanley, also eines jugendlichen Kriminellen, von Clifford Shaw ([1930] 1966), beschreibt den Verlauf einer „kriminellen Karriere" nah am persönlichen Erleben des Jugendlichen. Shaw begleitet dazu einen Straftäter über den Zeitraum von 6 Jahren und zieht für seine Analysen Familienerzählungen, Tagebucheinträge, Interviewmaterial sowie offizielle Dokumente wie Polizei- oder Amtsakten heran. Die Studie zielt darauf ab, Delinquenz in persönlicher und biographischer Dimension sowie als Ergebnis institutioneller Fallverläufe sichtbar zu machen. Dabei kommen sowohl persönliche Einstellungen und Motive von Stanley, seine Familienverhältnisse, die Erfahrungswelt der Peer-Group sowie die soziale Lage der Familien, aber auch institutionelle Zuschreibungen der Delinquenz zur Sprache. Für Shaw bietet sich so die Möglichkeit, die soziale Welt der Delinquenz durch die Perspektive des Akteurs zu betrachten und dabei den sozialen Bezugsrahmen von Kriminalität näher zu bestimmen. Die hier exemplarisch bei Shaw skizzierte und eingenommene biographische Perspektive und der Fokus auf den einzelnen Akteur bleibt daher letztlich nicht auf den Einzelfall beschränkt, sondern nimmt ihn zum Ausgangspunkt größere soziale Probleme zu verstehen.

In dieser Fallgeschichte sind offizielle Straftaten, Gewalt und kriminelle Handlungen nicht nur tief mit den subjektiven Dispositionen eines Akteurs verwoben, sondern sie spiegeln auch auf symbolischer Ebene einen Kampf um gesellschaftliche Anerkennung wider. Diebstähle sind beispielsweise nicht nur ein Mittel, kurzfristig einer finanziellen Notsituation zu entfliehen, sondern auch symbolische Spielfelder, um den eigenen Status in der Peer-Group aufzuwerten. Insbesondere dort, wo der gesellschaftliche Status des Einzelnen prekär ist oder zu werden droht und nicht über feste Zugehörigkeiten (Familie, Beruf, Gemeinschaft) geordnet wird, nimmt die Bedeutung dieser sekundären symbolischen Praktiken und Ausdruckformen zu, so ließe sich entlang dieser Fallschilderung zumindest vermuten.

5.4   Der Fokus Familie als Fall von Beziehungssymbolen

Es mag überraschen, dass auch Familien einen eigenständigen Analysehorizont für Symbolanalysen bilden können und hier gesondert als Bezugseinheit angesprochen werden. Insbesondere aber die fallrekonstruktive Familienforschung (Hildenbrand 2005) betont den eigenständigen Charakter familialer Lebenswelten, die nicht nur strukturell gesehen durch besondere Merkmale geprägt sind, sondern auch ideelle Milieuumgebungen herausbilden, in denen sich der Einzelne die Welt erschließen kann. Strukturell leitet sich die Eigenständigkeit familialer Lebenswelten von der Nichtaustauschbarkeit des Personals, dem hohen Affektniveau der Beziehungen und der strukturellen Unkündbarkeit von Familienbeziehungen ab (Oevermann 2004a). Generell gilt Familie dabei als gesellschaftliche Basiseinheit, die nicht nur sozialisatorische Aufgaben übernimmt, sondern auch ein Relais zwischen gesellschaftlichen Anforderungen und individuellen Ansprüchen bilden kann.

Beispiel

Einige Beispiele symbolischer Ordnungen von Familien sollen für unsere Zwecke an dieser Stelle genügen. Relativ offensichtlich sind Familiensymbole, die sich auf die Herkunft einer Familie und ihre Familienbeziehungen konzentrieren. Familienwappen, die Fixierung von Abstammungs- und Verwandtschaftsbeziehungen in Stammbäumen, Kirchen- und Familienbüchern oder auch einfach nur das Tragen eines Familiennamens sind symbolische Formen, die über familiale Zugehörigkeit informieren und die Familie darüber hinaus in verwandtschaftlichen Beziehungskonstellation lokalisieren.

Neben diesen offiziellen Formaten repräsentieren sich Familien aber auch in weniger formalisierten Kontexten. Hinweise darauf finden sich beispielsweise in der Darstellung der Familie auf Tür- und Namenschildern, oder der Präsentation der Familie auf Autoaufklebern. Das getöpferte Namensschild kann bereits auf ein alternatives Familienmilieu hinweisen, das sich durch eine „do-it-yourself" Attitüde auszeichnet. An der Praxis von Türschildern als Zugangs- und Repräsentationssymbol der Familie ist gleichwohl ein Trend zur Atomisierung von Familienmitgliedschaft und der Aufwertung von Kindern im Familienverband nachzuzeichnen. Zunehmend weicht die Selbstrepräsentation der gesamten Familie, symbolisiert beispielsweise durch den Familiennamen, dem expliziten Ausweis derjenigen Personen, die sich als Wohn- und Lebensgemeinschaft hinter der Zugangsbarriere „Wohnungstür" zusammengefunden haben. Türschilder wie „hier wohnen Andreas, Michaela, Milo und Julika" dokumentieren nicht nur den Bedarf einer Individuierung (wenn der Vorname gegenüber dem Nachnamen Überhand gewinnt) von Familienmitgliedschaft, sondern auch die Pluralisierung familialer Lebensformen.

Ähnlich verhält es sich bei Autoaufklebern, die darauf hinweisen, welche Kinder namentlich „on Board" sind. Auch hier werden relativ intime Informationen in einem relativ öffentlichen Raum gestellt. Hinter den Türschildern und Autoaufklebern lässt sich aus der Distanz soziologischer Argumentationen eine Grenzverschiebung zwischen öffentlichen und privaten Räumen vermuten, die man mit Sennett (1983) als „Tyrannei der Intimität" bezeichnen könnte. Auch das Private sickert zunehmend in öffentliche Kontexte ein und verhindert, so Sennett, eine öffentliche Meinungsbildung und gemeinschaftsbildende Deliberationen. Der öffentliche Raum, hier der Straßenverkehr oder Hauseingänge, werden zunehmend zum symbolischen Spielfeld familialer Lebenswelten.

Eine relativ neue symbolische Ausdrucksform familialer Selbstdarstellungen sind Tätowierungen von Kindernamen vorzugsweise auf den Unterarmen von Vätern. Zumeist handelt es sich hierbei um milieuspezifische Darstellungsformen von Familien. In randständigen, wenig integrierten Familienmilieus besteht augenscheinlich ein Bedürfnis, die Dauerhaftigkeit der Vater-Kind-Beziehung durch „Leibeinschreibungen" zu symbolisieren. Das Fehlen einer natürlichen Bindung zwischen Vätern und Kindern und die prekäre Stellung des Vaters in relativ unverbindlichen Beziehungskonstellationen verlangt nach symbolischer Aufwertung, wie auch andere Beispiele unkonventioneller Familienformen betonen (Funcke 2014). Der prekäre Status des Vaters im Familienverband wird durch diese symbolische Ausdrucksform bearbeitet, so die familiensoziologische Vermutung.

5.5   Der Fokus Gruppe als Fall von Gemeinschaftssymbolen

Bildet die Gruppe den Ausgangspunkt von Symbolanalysen, muss man sich auch hier wieder ihre besondere Struktur klarmachen. Soziologisch gesehen handelt es sich bei Gruppen um soziale Organisationsformen, die eine Zwischenstellung zwischen intimen Paar- und Familienbeziehungen und anonymen, abstrakten Gesellschaftsbeziehungen einnehmen. Neidhardt (1979) bestimmt daher Gruppen als Systeme, die sich durch „unmittelbare und diffuse Mitgliederbeziehungen sowie durch relative Dauerhaftigkeit bestimmen" (ebd., S. 642) lassen. Dennoch sind sie dabei keine festen sozialen Gebilde, sie eröffnen hingegen einen Raum für ein breit angelegtes und offenes Kommunikationsgeschehen. Nach Tyrell (2008) fallen unter diesen Definitionsversuch Wohngemeinschaften, Freundeskreise, Kaffeekränzchen genauso wie Stammtischgruppen. Wichtig für die Gruppenkonstitution ist dabei ein relativer Gleichheitsgrundsatz der Mitgliedschaftsordnung. Innerhalb der Gruppe herrscht daher weniger eine sachbezogene oder statusförmige Zugehörigkeitsstruktur als die einer persönlichen Gruppenbeteiligung. Die nach innen gerichtete Homogenität der Gruppe führt aber nach außen hin auch zu symbolischen Abgrenzungen. Wird in der Gruppe Homogenität und Einheit symbolisch hergestellt, wird nach außen hin die Differenz der Zugehörigkeit betont. Simmel hat, um dieses Argument zu untermauern, darauf hingewiesen, dass Gruppenorganisation und Gruppenidentität mitunter nach der Zahl der Gruppenmitglieder variiert. Wird in „kleinen Kreisen" der Homogenitätsdruck auf den Einzelnen erhöht, werden in „großen Kreisen" die Mitgliedschaftrollen nicht nur arbeitsteilig organisiert, sondern auch die Unmittelbarkeit der Beziehungen durch symbolische Ordnungen kompensiert. Bereits jede Vereinsgruppierung kennt daher Ämter wie Vorstand, Schatzmeister und Schriftführer oder satzungsmäßige Verordnungen als symbolische Formen der Gruppenorganisation (Simmel 1908).

Welche gesellschaftlichen Gruppen damit jedoch konkret angesprochen werden, bleibt auch bei der Betrachtung von Gruppensymboliken zunächst offen. Gruppen finden sich beispielsweise im Bereich Politik (Fraktionen, Parteien), Freizeit (Vereine), Arbeit (Verbände), aber auch in weniger konkreten sozialen Beziehungen, wie beispielsweise bei Religionsgruppen oder die Anhänger von Musikgruppen.

Beispiel

Eine klassische soziologische Studie zur Bedeutung von Gruppenzugehörigkeit und der Aneignung von Gruppensymbolen haben Becker u.a. (1976) mit einer Untersuchung beruflicher Sozialisationsprozesse von Ärzten vorgelegt. Hierbei stand die Frage im Mittelpunkt, wie und auf welchem Weg Medizinstudenten Mitglied einer Berufskultur werden, welche Statuspassagen dabei überwunden werden, sodass neben einer offiziellen formalen Mitgliedschaft zum Ärztestand auch eine informelle, ideologisch eingefärbte Überzeugung der ärztlichen Tätigkeit als eine Art „stillschweigende Übereinkunft" unter den Ärztinnen entstehen kann.

Diese „Einführung" in eine Berufskultur erfolgt über weite Strecken durch Symbole. Erst sie führen zu einer gemeinsamen beruflichen Einstellung und

zu einer relativen Geschlossenheit der Gruppenerfahrung. Die räumliche Iso-
lation von Familien und alten Freundschaften, rigide Stundenpläne, feste Stu-
diengruppen sind strukturelle Rahmenbedingungen des Medizinstudiums und
symbolische Formate eines abgeschlossenen Erfahrungsraums für Berufsan-
fänger. Insofern zeigt das Beispiel der Berufsanwärter alle relevanten Muster
eines Status- beziehungsweise Passageübergangs (siehe dazu rückblickend Kapitel 3).

Der kollegiale Austausch innerhalb dieser Strukturen ermöglicht dann die Vergemeinschaftung per se individueller Problemlagen. Die Herausforderungen
und Grenzerfahrungen des Studiums, wie Überforderung und Leistungsdruck
in der Berufsanwärterschaft, werden im Kollektiv getragen. Aber auch greifbare Symbole wie Kittel und Stethoskop sind geeignete Darstellungsmittel, um
Gruppenmitgliedschaften zur Berufswelt der Medizin zu dokumentieren.

Gegenüber beruflichen Gruppensymboliken, die sich insbesondere in der Medizin
in einem relativ abgeschlossenen Sinnkosmos von Statusdifferenzierungen bewegen, lassen sich auch in kleineren Kreisen Gruppensymbole aufspüren.

Beispiel

Spradley und Mann (1985) haben in einer Studie zum Bestellen von Drinks die
Gruppenordnung einer „Eckkneipe" untersucht: „How to aks for a drink" war
dort nicht nur eine praktische Frage, einen Drink zu bestellen, sondern immer
auch ein symbolischer Akt, die Gruppenordnung symbolisch zu manifestieren.
Die Gruppenmitgliedschaft zeigt sich nicht zuletzt darin, auf welche Weise und
in welcher Sprache eine Bestellung aufgegeben wird. Neben der klassisch dominanten Variante eines autoritären männlichen Bestellverhaltens, gibt es auch
versteckte Möglichkeiten, die Zugehörigkeit zur Gruppe zu testen. Die Frage
nach einem „falschen" Drink eröffnet beispielsweise die Möglichkeit, die eigene Mitgliedschaftsrolle in der Bar zur Disposition zu stellen. Die Bedienung
soll nicht nur inhaltlich den Bestellwunsch korrigieren, sondern auch die Mitgliedschaft des Bestellenden als Stammgast zur lokalen Welt der Eckkneipe
ratifizieren. Bestellt man entgegen der üblichen Trinkgewohnheiten, steht zumindest latent die Forderung im Raum, diese Abweichung zu bemerken und die
Mitgliedschaft symbolisch zu bestärken.

Die Beispiele von Medizinstudenten und Eckkneipen, so entfernt sie auch voneinander sein mögen, deuten darauf hin, dass Gruppen Symbole hervorbringen, die Zugehörigkeiten unterstreichen. Generell lässt sich daher für Symbolanalysen ableiten, dass Gruppensymbole einerseits Mitgliedschaftsrollen nach innen absichern, nach außen hin aber auch als Grenzmarkierungen der Zugehörigkeit dienen können.

5.6 Der Fokus Organisation als Fall von Legitimationssymbolen

Organisationen sind auch im Hinblick auf ihre symbolische Ordnung stärker formalisiert als Gruppen. In einem klassischen soziologischen Verständnis sind Organisationen durch Spezialisierungen gekennzeichnet, weisen eine klare Hierarchiestruktur auf und beruhen auf zweckrationalen Entscheidungskalkülen (siehe dazu das klassische Bürokratiekonzept Webers 1976). Neuere Organisationsverständnisse betonen hingegen stärker auch ihre symbolischen Funktionen. Hier wird den Organisationen nicht nur sachgerechte Leistungsfähigkeit zugeschrieben, sondern auch von der Vorstellung einer mitunter symbolischen Legitimation ihrer Funktionen und Leistungsfähigkeit ausgegangen. Organisationen müssen sich zunehmend symbolisch rechtfertigen und ihre Leistungen in symbolischen Formaten nachweisen.

Besondere Organisationssymbole finden sich daher dort, wo Spannungen zwischen den vorgegebenen Leitbildern und gesellschaftlichen Erwartungen sowie der „gelebten" Organisationskultur auftreten. In der Berufsforschung ist beispielsweise bekannt, dass sich die Polizeiorganisation zwischen einer zweckrationalen sachgerechten Aktenpraxis und einer relativ „hemdsärmeligen" Aktionspraxis im Einsatz bewegt (Mensching 2008). Solche organisationalen Unvereinbarkeiten können dann wiederum dazu führen, dass sich Organisationen symbolisch nach außen abschotten und ihre Reihen nach innen schließen (Behr 2006). Um dennoch nach außen die Leistungsfähigkeit entsprechend zu symbolisieren, werden die organisationsweit geltenden Leitvorstellungen öffentlichkeitswirksam kommuniziert.

Beispiel

In einem Onlineauftritt eines Jugendamts, als ein Teil der kommunalen Verwaltung, findet sich bspw. folgende Selbstbeschreibung: „Im Landratsamt gilt ein Leitbild, an dem sich alle Mitarbeiter orientieren sollen. Das Leitbild wurde von der Arbeitsgruppe Qualitätszirkel im Landratsamt zusammen mit Studenten der Fachhochschule erarbeitet. Die Studenten hatten im Laufe der Entwicklung auch Umfragen unter den Mitarbeitern der Kreisverwaltung und der Bevölkerung durchgeführt, um die Erwartung der Menschen und das Selbstverständnis der Bediensteten beurteilen zu können."

Das Leitbild, das hier präsentiert wird, unternimmt gar nicht erst den Versuch, in Bezug auf die Leistung des Amtes konkret zu werden. Es symbolisiert Geschlossenheit im Amt auf der Basis externer Expertise und einer scheinbar demokratisch hergestellten Legitimationsgrundlage. Die eigentliche Leistung des Amts bleibt dabei zugunsten der symbolischen Herstellung und Dokumentation der Leistungsfähigkeit unausgesprochen. In Organisationen überkreuzen sich nicht selten fachliche und formale Symboliken. Beispielsweise wenn man das „Herzstück" von Verwaltungsabläufen, die Aktenführung, in den Blick nimmt.

Beispiel

In einer klassischen Studie hat Garfinkel (2000) dazu herausgearbeitet, dass es durchaus gute „organisatorische Gründe für schlechte Krankenakten" geben kann. Klinikakten erzeugen eine wenn auch artifizielle Wirklichkeit von Patienten, die perspektivisch einseitig sein kann und lediglich die Organisationsseite der Krankheit widerspiegelt. Je deutlicher Akten über Sachverhalte der Behandlung Auskunft geben, desto größer ist das Risiko, bei einem nicht abzusehenden Vorfall mit Hilfe der Akte nicht nachweisen zu können, dass man seinerzeit fachlich korrekt gehandelt hat. Dieser Widerspruch zwischen Akteneintrag und medizinischer Verantwortung führe, so Garfinkel, dazu, dass Krankenakten notwendig ungenau sein müssen, um Krankheitsverläufe entsprechend abbilden zu können. Das Aktendokument ist in unserem Verständnis gleichfalls ein symbolisches Ausdrucksmittel formaler Strukturen und inhaltlicher Überzeugungen.

Je nachdem, welchem Organisationsverständnis man folgt, lassen sich Symbole entweder in formalisierten, zweckrationalen und hierarchisch organisierten Handlungszusammenhängen wiederfinden oder in symbolischen Legitimationen und Außendarstellungen der Organisation entdecken. Wir wollen hier keine Partei für ein spezielles Organisationskonzept ergreifen, sondern lediglich auf die unterschiedlichen Symboliken und Symbolebenen in Organisationen hinweisen.

5.7 Der Fokus Milieu als Fall von Orientierungssymbolen

Nicht ganz abgrenzbar zur Gruppe können aber auch Milieus als Bezugseinheit von Symbolanalysen betrachtet werden. Theoretisch leitet sich die symbolische Geschlossenheit von Milieus von einem gemeinsamen, aber unhinterfragten Erfahrungshintergrund ab, der auch eine gemeinsame Orientierung hervorbringen kann. Insbesondere in der Wissenssoziologie von Karl Mannheim (1980) wird dazu die theoretische Position vertreten, dass sich ähnliche Erfahrungsräume und gemeinsame Erfahrungsaufschichtungen zu Kollektivvorstellungen verdichten können. Solche Orientierungen sind dann perspektivische, auf einen Standort bezogene, stereotypisierte Erfahrungen, die gemeinschaftsbildend wirken und sich habituell verfestigen. Auf Grundlage dieser theoretischen Überzeugung lassen sich auch symbolisierte Milieuorientierungen analysieren.

Einschlägiges Anschauungsmaterial für Symbole, die in Milieus verwurzelt sind, findet sich bei der Migrationsthematik (Bohnsack 1989). Denn in Migrationswellen treffen relativ unvermittelt ganz unterschiedliche Milieuorientierungen aufeinander, wie auch das Beispiel einer klassischen amerikanischen Milieustudie zeigt.

Beispiel

Whyte ([1943] 1996) analysiert mit einer ersten qualitativ angelegten Milieustudie eines randständigen Bostoner Wohnquartiers die Reproduktionskraft von Milieuorientierungen am Beispiel von italienischen Einwanderern der dritten Generation. Im angesprochenen Wohnviertel konkurrieren Milieuorientierungen, die sich auch in der Konkurrenz und Konflikten zweier Jugendbanden dokumentieren. Während die „Corner Boys", also die Ecksteher, die Vorherrschaft über die Straße beanspruchen und sich ihre Gruppenmitgliedschaft durch eine Orientierung an persönlichen Beziehungen und entsprechenden „Clanstrukturen" organisiert, repräsentieren die „College Boys" eine Gruppe, die dem prekären Leben im Wohnquartier durch eine mittelschichtsgeprägte Aufstiegsorientierung entgegenzutreten versucht. Das Leitmotiv des Aufstiegs manifestiert sich beispielsweise im Streben nach Bildungsabschlüssen oder in der Vorstellung demokratischer Beteiligungs- und Chancengerechtigkeit, was kehrseitig einen Bruch mit traditionellen Familienbeziehungen erzeugt.

Innerhalb eines relativ abgeschlossenen randständigen Wohnquartiers dokumentiert die Studie unterschiedlich Orientierungen, die in den Konflikten der Jugendbanden zum Ausdruck kommen. Bezogen auf ihre Leitvorstellungen unterscheiden sich beide Milieus an dem Punkt, wie der Einzelne seinen gesellschaftlichen Status- und Prestigegewinn definiert und welche Leistungen sich die Akteure dabei selbst zuschreiben. Die persönlichen Abhängigkeiten der Corner-Boys und die hohe informelle Kraft ihrer sozialen Beziehungen blockieren aufstiegsorientierte Integrationsbemühungen und führen zu sozial geschlossenen Milieuorientierungen.

Symbolanalysen können daher auch milieugebundene Orientierungen zum Gegenstand haben, die sich in konkreten Praktiken und Handlungsweisen dokumentieren. Im Gegensatz zur Organisation oder zur Familie sind dafür keine festen Mitgliedschaftrollen Voraussetzung, sondern ähnliche Erfahrungen, aus denen gemeinsame Einstellungen hervorgehen. Die Untersuchung von Symbolen in Milieukontexten kann sich daher darauf beziehen, die Entstehung von Einstellungsmustern und ihre Geschlossenheit beziehungsweise ihre inneren Differenzierungsprinzipien zu analysieren.

5.8   Der Fokus Kultur als Fall von Integrationssymbolen

Steht am einen Ende des Kontinuums symbolischer Ausdrucksformen der Akteur, den wir versucht haben über die Problematik von Statussymbolen näher zu beschreiben, stehen am anderen Ende Symbolkulturen, die auch die skizzierten Ebenen von Akteur, Familie, Gruppen und Milieus als exemplarische Fallebenen von Symbolanalysen übersteigen, selbst wenn sie wiederum auf diese Ebenen zurückwirken können. Ohne hier eine Definition von Kultur voranstellen zu wollen, haben bereits die klassischen ethnologischen Studien auf die Nähe und die Beziehung von Symbolen und Kulturen hingewiesen.

Die Ethnologie pflegt diesbezüglich speziell *religiöse* Symbolsysteme in den Blick zu nehmen, in den Worten Max Webers wohlwissend, dass das religiöse Handeln trotz seiner jenseitigen Bezüge stets, „in seinen urwüchsigen Bestande, diesseitig ausgerichtet" (Weber 1976: 245) ist und religiöse Welthaltungen daher etwa auf die jeweilige „Wirtschaftsethik" abfärben können. Mit Blick auf die Gegenwartsgesellschaft hat die soziologische Forschung darüber hinaus unweigerlich den sozialen Eigenheiten der Konsumkultur und der politische Kultur, der kulturellen Wissensordnungen und der Alltagsästhetik nachzugehen.

Diese verweisen nicht zuletzt auf weitgehend autonome „Systeme der Kultur" (Dilthey [1883] 2013, S. 57ff.) wie die Kunst, die Wissenschaft und die Wirtschaft, deren *sinnhafte Eigenlogik* es überhaupt erst einmal anhand ihrer speziellen Symbolik (von der Malerei über akademische Reputationscodes bis zum Geldmedium) empirisch zu rekonstruieren gilt. Die Ausprägung individueller Lebensstile bleibt ja über milieubezogene Routinen hinaus immer in übergreifende kulturelle Rahmen eingebettet, innerhalb derer sich bereits die Interpretation von Konsumbedürfnissen vor dem werbeträchtigen Hintergrund des verfügbaren Angebots (kulturelle Sphäre der Wirtschaft), sowie die konfliktbezogenen Auslegung normativer Erwartungsmuster auf der Basis sittlicher Selbstverständlichkeiten (kulturelle Sphäre des Rechts), aber auch das stets auf gängige Rezeptionsgewohnheiten gestützte Fällen ästhetischer Geschmacksurteile (kulturelle Sphäre der Kunst) oder die werturteilsabhängige Beschwörung von Utopien des „guten Lebens" (politische Sphäre) überhaupt erst vollziehen kann.

Für die Symbolanalyse kann daher auch der gesellschaftsinterne Vergleich *zwischen* solchen Kultursphären wie Wirtschaft und Recht, Wissenschaft und Kunst oder Religion und Politik einen Analysehorizont und Gegenstandsbereich der Forschung bilden.

Welche kulturellen Standards als gesellschaftliche Leitvorstellung gelten, zeigt sich insbesondere dort, wo Abweichungen diese Normeinhaltungen blockieren. Es sind gesellschaftliche Orte der Abweichung, der Abstinenz und der Konkurrenz, die den Bruch mit gesellschaftlichen Normen anzeigen. Daher sind es auch die „Außenseiter", „Geisteskranken" (Goffman 1973), „Gesetzesbrecher" (Foucault 1977b) oder Jazzmusiker (Becker [1963] 2014), die uns den Spiegel gesellschaftlicher Konventionen vor Augen und Ohren halten. Auch diese Abweichungen von gesellschaftlichen Normen bedienen sich in besonderer Weise symbolischer Überformungen, die einer Symbolanalyse zugänglich werden können.

Beispiel

„Geisteskranken" wird kulturell beispielsweise ein besonderer Ort symbolisch zugedacht, der auch die Grenze zur Normalität räumlich demarkiert, „Gesetzesbrecher" haben die gerechte Strafe zu bekommen, die sich in Gesetzesbüchern symbolisiert und Jazzmusiker müssen sich der dominanten Unterhaltungskultur anbiedern, um sich finanziell abzusichern, wenngleich das ihre musikalische Überzeugung frustriert.

Auf der Ebene der Kultur können wir abschließend noch einmal in besonderem Maße den Vergleichsaspekt von Symbolanalysen betonen. Denn bei der Analyse faktisch fremder oder künstlich fremd-gemachter Kulturen treten kulturelle Vergleichshorizonte in den Mittelpunkt, die eine Vorstellung von dominanten kulturellen Werten und kulturellen Besonderungen hervorheben. Weil der Kulturvergleich über kulturelle Leitvorstellungen und gesellschaftliche Varianzen zwischen Kulturkreisen oder gesellschaftlichen Teilkulturen informiert, betrachten wir ihn geradezu als zentrale Deutungsressource der Symbolanalyse.

5.9   Unterschiedliche Fallniveaus von Symbolanalysen im Vergleich

Für den ersten Teil des Problems der Fallbestimmung konnten wir damit unterschiedliche Untersuchungseinheiten von Symbolen andeuten, die aber bei weitem nicht alle soziologisch relevanten Gegenstände von Symbolanalysen abbilden können. Dennoch zeigen bereits die hier verhandelten Fallniveaus das große Potential von Symbolanalysen, insbesondere deswegen, weil sich Symbole quer über alle zentralen soziologischen Analyseeinheiten hinweg finden lassen.

Wir schließen diese Durchsicht mit einer tabellarischen Übersicht über *Fallniveau*, *Analyseeinheit* und mögliche *symbolische Ausdruckformen* ab. Mit dem Fallniveau greifen wir auf die Differenzierung von kleinen und größeren gesellschaftlichen Bezugskontexten zurück, bei der Analyseeinheit verdeutlichen wir exemplarisch die soziologischen Alleinstellungsmerkmale der unterschiedlichen Gegenstandsebenen und bei den symbolischen Ausdrucksformen wollen wir Beispiele und Anregungen für Symbolanalysen auf diesen Ebenen geben. Die Übersicht führt uns von relativ konkreten Analyseeinheiten und Symbolen hin zu immer abstrakteren und weniger greifbaren symbolischen Ausdruckformen.

Fallniveau	Analyseeinheit	Symbolische Ausdrucksformen
Akteur	Interaktion Identität Biographien	Statussymbole wie Rangabzeichen und berufliche Titel
Familie und Paar-beziehung	Familienstruktur Geschlechterverhältnis Generationenbeziehung	Beziehungssymbolik wie Liebes- oder Sexsymbole
Gruppe	Mitgliedschaft Zugehörigkeit Abgrenzung	Gemeinschaftssymbole wie Gruppenrituale und zeremonielle Zusammenkünfte
Organisation	Hierarchie Leistung Weisung	Legitimationssymbole wie Leitbilder oder Dienstvorschriften
Milieu	Orientierungen Einstellungen Habitus	Lebensstile und Formen der Lebensführung als Orientierungssymboliken
Kultur	Normen Deutungsmuster Weltbilder	Integrationssymbolik wie Mythen, Rituale und Legenden

Abbildung 5.1 Übersicht zu Fallniveau, Analyseeinheit und symbolischer Ausdrucksformen (eigene Darstellung)

5.10 Von der Eingrenzung des Forschungsgegenstands zur Fragestellung

Wenn zunächst eingegrenzt wurde, mit welchem Gegenstand man es inhaltlich zu hat und sich dafür seine innere Struktur und Eigenlogik unter einer soziologischen Problemperspektive klargemacht hat, folgt der zweite Schritt: die *Formulierung einer soziologischen Fragestellung*. Diese soll den Forschungsprozess flankieren und gedanklich die Forschungstätigkeit anregen. Daher wollen wir die Forschungsfrage nicht als ein analytisches Korsett missverstanden wissen. Fragestellungen können sich im Forschungsprozess verändern und auch von praktischen Problemen der Forschungspraxis (Informationszugänge, Geld, Zeit o.Ä.) mitbeeinflusst werden, wichtig bleiben sie aber als Orientierungshilfen eines sonst unüberschaubaren Forschungsvorhabens.

Bei der zuletzt angesprochenen ethnologischen Kulturbetrachtung fällt das Formulieren einer konkreten Fragestellung noch relativ leicht. Der ethnologische Kulturvergleich interessiert sich in erster Linie für einzelne, konkrete wie fremde Stammesgesellschaften mit dem Ziel sie vergleichend gegenüberzustellen. Die Forschungsfrage ergibt sich dabei bereits aus dem strikt gesetzten Analysefokus des Kulturvergleichs.

Grundlegend wird aber mit der vorgebrachten Differenz von Gegenstandsbestimmung und konkreter Fragestellung ein Grundproblem rekonstruktiver Forschungsansätze angesprochen: Wie konkret, mit welcher hintergründig mitgedachten Frage und theoretischen Einbettung kann man an symbolische Praktiken herantreten, ohne die in der qualitativen Forschung geforderte Offenheit von Erhebung und Auswertung zu verletzen?

Einem lediglich rahmensetzenden Erkenntnisinteresse steht die methodische Strenge empirischer Sozialforscher gegenüber, die in unkontrollierten Forschungsprozessen das Einfallstor für Methodenwillkür und subjektiver Interpretationen wittern. Damit lassen sich für das Verhältnis von Gegenstand und Forschungsfrage zwei Herangehensweisen unterscheiden Auf der einen Seite steht die Überlegung eines empirisch geschlossenen Gegenstands, der auf eigengesetzlichen Strukturierungsprinzipien beruht. Man müsste bei dieser Vorgehensweise nur den Gegenstand genau genug analysieren, um seine symbolische Natur auch ohne konkrete Fragestellung zu verstehen. Diese Perspektive hat die Ethnomethodologie pointiert auf die Formulierung „Order at all points" (Garfinkel 1967) gebracht, bei der nichts vom Gegenstand in seinem Praxisvollzug nebensächlich bleibt, sondern alle Praxisdetails substantiell in die Untersuchung einbezogen werden. Selbst Störungen oder Praxisirritationen (Interviewunterbrechungen, gegenseitiges ins-Wort-fallen, zögerliches Antwortverhalten, Pausen in den Gesprächsabläufen usw.) müssen hier entsprechend der methodischen Manuale berücksichtigt werden.

Demgegenüber steht die Strategie einer theoretischen Anordnung des Gegenstands durch die Formulierung einer engmaschigen und theoretisch voraussetzungsvollen Fragestellung. Hier wird nichts vom Gegenstand in seiner Praxiswirkung in die Analyse einbezogen, was nicht mit der Fragestellung in Verbindung gebracht werden kann. Der Gegenstand kann sich daher nur im Hinblick auf theoretische Vorüberlegungen entfalten. Der Vorteil dieser Strategie liegt klar auf der Hand. Denn man kann die Forschung über die formulierte Fragestellungen so modellieren, dass man auch in der Forschungspraxis keine bösen Überraschungen erlebt. Gerade darin liegt allerdings auch der Nachteil dieser selektiven Vorgehensweise. Denn es besteht die Gefahr, theoretische Überzeugungen zu reproduzieren und anhand von vorkonstruierten Forschungsgegenständen bestehende Theorien lediglich zu bestätigen. Etwas Neues, Unbekannten, möglicherweise auch Unstimmiges und Zufälliges hat es bei dieser Strategie schwer, in der Forschungspraxis aufzuscheinen.

In der Symbolanalyse gehen wir von einer wechselseitigen Durchdringung und einer zyklischen Verbindung dieser beiden Strategien aus. Das bedeutet, dass wir einerseits die Notwendigkeit einer konkreten Fragestellung vor dem ersten Feldkontakt betonen, an der entlang sich die Blickrichtung auf den anvisierten Forschungsgegenstand verengen kann. Andererseits sprechen wir der empirischen Praxis auch die Fähigkeit zu, diese Fragestellung in Zweifel zu ziehen und eigenlogische, komplexe sowie theoretisch unbedachte Praxisformen hervorzubringen, die anschließend zu einer Korrektur der vorkonstruierten Fragestellung auffordern. Erst wenn beide Prinzipien berücksichtigt werden, ist der Forschungsprozess ein gleichzeitig fokussierter wie auch empirisch sich verdichtender Vorgang, der die Möglichkeit einräumt, entlang konkreter Fragen auch das Unbekannte im Blick zu behalten.

5.11 Exemplarische Ansätze für symbolanalytische Fragestellungen

Um diesen Zusammenhang von Gegenstand und Fragestellung für die Fallbestimmung von Symbolanalysen beispielhaft aufzuzeigen, wollen hier einige Ansatzmöglichkeiten im Blickfeld unserer oben besprochenen Fallniveaus von Akteur, Familie, Organisation, Gruppe, Milieu und Kultur skizzieren.

Auf der *Ebene des Akteurs* können beispielsweise symbolische Interaktionen analysiert werden, die wir bereits als Analyseeinheit oben überblicksartig als geeigneten Forschungsgegenstand ausgewiesen haben. In einem zweiten Schritt müssen wir uns vor der Formulierung konkreter Forschungsfragen nun zunächst die soziologisch bedeutsame Struktur des Gegenstandes klarmachen. Symbole können in Interaktionen gebraucht werden, um Handeln von Interaktionsteilnehmern abzustimmen und Kooperationen zwischen ihnen hervorzubringen. Das soziologische Problem bestünde dabei darin, dass solche Interaktionsbeziehungen per se krisenanfällig und problembehaftet sein können und Symbole dabei helfen, diese Widersprüche so zu bearbeiten, dass Irritationen in den Handlungsabläufen vermieden werden.

Beispiel

Dazu ein Beispiel: in anonymen Interaktionsbeziehungen, wie beispielsweise als Kunde in Warenhäusern, sind die Interaktionsabläufe entlang von symboli-

schen Ordnungen meist so vorstrukturiert, dass den beteiligten Akteuren kein
großer Aushandlungsspielraum der Situationsdefinition zur Verfügung steht.
Verkäufer und Kunde sind relativ festgefügte soziale Rollen, die sich mit entsprechenden Symboliken verbinden. Der Verkäufer kann beispielsweise durch
Namensschilder oder seine räumliche Platzierung (an Kassen, hinter Tresen
o.Ä.) auf seine Rolle symbolisch aufmerksam machen. Der Kunde wiederum
gibt sich auch symbolisch dadurch zu erkennen, dass er sich in Warteschlangen
anstellt oder die entsprechen Requisiten seiner Rolle wie Einkaufstaschen oder
Warenkörbe bei sich trägt. Dass selbst solche Routineabläufe wie das Einkau-
fen durch Störungen unterbrochen werden können, zeigt sich dort, wo diese
Anzeichen der Rolle augenscheinlich fehlen. Wenn man fälschlicherweise statt
eines Verkäufers andere Kunden zur Produktberatung anspricht oder die Rolle
des Kunden durch ein vergessenes Portemonnaie beim Bezahlen an der Kas-
se zusammenbricht, werden Aushandlungsprozesse initiiert, die über die still-
schweigenden Übereinkünfte beiden Rollenkonzeptionen informieren.

Erst nachdem wir uns überlegt haben, welche Problemstellungen sich mit dem Gegenstand verbinden, können wir nun auch eine hierauf bezogene Forschungsfrage
formulieren. Wenn uns die Symbolik des Einkaufens interessiert, werden wir beispielsweise fragen, in welchen Interaktionen und mit welchen Symbolen die Rollenzuschreibungen und Rollenverteilungen von Verkäufer und Kunde hergestellt
werden. Wo geraten beide Rollenformate in kritische Aushandlungen und wie gelingt es den Beteiligten unter Rückgriff auf welche Symboliken, diese Situationen
zu reparieren?

Sofern akteursbezogene Symboliken sich zumeist auf den sozialen Status von
Personen im Hinblick auf interaktionsbezogene Rollen(verteilungen), (zugeschriebene) Kompetenzen, repräsentierte Institutionen und Kultursphären (Sport, Religion) beziehen, bietet sich hier im Allgemeinen eine Fragestellung der folgenden
Form an: Inwiefern bedarf Status der Symbolisierung und inwiefern wird Status
überhaupt erst symbolisch konstruiert?

Auf der *Ebene von Familien* können demgegenüber Beziehungssymbole beispielhaft in den Blick genommen werden. Weil das soziologische Problem von
Familienbeziehungen auch darin besteht, die Liebesbeziehung des Paares und
die Beziehungen zu Kindern und deren Ansprüchen auf Intimität und Solidarität
permanent auszutarieren, könnten Symbolanalysen unmittelbar an dieser hypothetischen Unvereinbarkeit anknüpfen. Der strukturelle Widerspruch zwischen
Paar- und Kindbeziehung bildet hier dann den analytischen Gegenstand der Untersuchung.

Beispiel

Bleiben wir exemplarisch bei den oben angesprochenen Tür- und Klingelschildern als Repräsentationsfläche familiärer Lebenszusammenhängen, so könnten wir fragen, wie und auf dem Hintergrund welcher Symboliken das Strukturproblem beider Beziehungen von einzelnen Familienmitgliedern bearbeitet wird. Das Türschild wäre dann ein symbolischer Ausdruck der Selbstdarstellung des familialen Generationenzusammenhangs und eine Antwort auf das hier aufgeworfene Strukturproblem unterschiedlicher Familienbeziehungen.

Intime Beziehungssysteme sind von jeher durch den Auftrag der wechselseitigen Fürsorge geprägt. In der Moderne sind sie zudem charakterisiert durch den Anspruch einer bedingungslosen Anerkennung der anderen Personen in ihrer Einzigartigkeit und ihrer emotionalen Befindlichkeit. Ausgehend von diesen Annahmen liegt die hypothetische Vermutung nahe, dass Familie aufgrund einer hieraus resultierenden spezifisch modernen Krisenhaftigkeit einer symbolischen Konsolidierung bedarf. Sofern familienbezogene Symboliken sich folglich auf das paradoxe Spannungsverhältnis zwischen familieninterner Solidarität und der Würdigung der ganzen Person beziehen, wäre die Fragestellung im Allgemeinen darauf auszurichten, wie dabei das Problem des Ausgleichs zwischen Familiensolidarität und individueller Autonomie gelöst wird.

Auf der *Ebene der Organisation* lassen sich Konflikte organisationaler Wert- und Normbeziehungen (Girtler 1980) betonen. Die Forschung kann sich hier beispielsweise auf die Darstellung organisatorischer Leistungsfähigkeit konzentrieren. Auch in diesem Fall würden wir soziologisch zunächst von einem potenziellen Widerspruch, nämlich dem zwischen der inneren behördlichen Arbeitsorganisation und der gesellschaftlichen Erwartungshaltung bezüglich der Organisationsleistung ausgehen können. Bildet also das Problem der Leistungsbewertung den Forschungsgegenstand, könnten wir fragen, auf der Basis welcher Symboliken Organisationen ihre Leistung nachzuweisen versuchen. Inwiefern legitimieren sich Organisationen symbolisch, um ihre Funktions- und Leistungsfähigkeit angemessen gesellschaftlich zu kommunizieren? Organisationen müssen hypothetisch gesehen den strukturellen Widerspruch zwischen formaler Ordnung und inhaltlichen Sinngehalten bewältigen. Auf der einen Seite sind hierarchisch aufgebaute Weisungsbeziehungen und verwaltungsförmig „inhaltsleere" Leistungsanforderungen einzuhalten. Auf der anderen Seite haben sich auch Verwaltungen und andere Organisationen inhaltlich im Hinblick auf ihre Leistung zu rechtfertigen. Vor dem Hintergrund dieser allgemeinen Vermutung kann die symbolanalytische Fragestellung sich daher darauf beziehen, wie in der Organisation der Spagat zwischen konformistischen Verwaltungsabsichten und inhaltlichen Überzeugungen des Einzelnen oder ganzer Organisationseinheiten vollzogen wird. Oder anders gefragt: Welche Rolle spielen Symbole in der Gemengelage einer wertbezogenen inhaltlichen Positionierung der Organisation und einer Vollzugsnormierung, die auf die Exekution vorschriftsmäßigen Handelns gerichtet ist?

Beispiel

Besonders einsichtig ist die organisatorische Symbolarbeit beispielsweise dann, wenn Kritik an Organisationen öffentlich vorgetragen wird. Die symbolische Krisenbewältigung geht nicht selten mit dem Austausch von Führungsspitzen oder strengerer Verwaltungsvorschriften wie Dienstanweisungen oder anderer Managementvorgaben einher, die man sich hinsichtlich ihrer Symbolpolitik analytisch vornehmen kann.

Bei *Gruppen* lässt sich hingegen grundsätzlich ein ganzes Arsenal von Zuge-hörigkeitssymbolen analysieren. Gruppen formieren sich als Kreuzungspunkte individueller Lebenslinien. Die zwischenmenschliche Begegnung aber ist ihrem Wesen nach krisenhaft. Während man sich im Fahrstuhl oder in der Metro kurz-zeitig ignorieren kann (solange er beziehungsweise sie nicht auf der Strecke ste-ckenbleibt) und während organisationsnahe Interaktionen das Konfliktpotenzial zumindest teilweise entschärfen, indem sie die Verhaltensweisen durch formali-sierte Regulierungen kanalisieren, ist das Aufeinandertreffen von Menschen ab einer gewissen Dauerhaftigkeit nur durch die symbolische Konstruktion innerer Verbindlichkeiten zu bewältigen. Ein zentraler Aspekt der Krisenhaftigkeit sym-bolischer Vergemeinschaftung erwächst nun aus dem Ausgrenzungseffekt rituell-mythischer Formierungen eines Wir, das gegebenenfalls schon Grenzziehungen unter den Anwesenden mit sich bringt. Gruppen haben es daher soziologisch gese-hen mit Abgrenzungsdynamiken zu tun, die nach innen hin Gemeinschaftlichkeit herstellen und nach außen hin zur Begrenzung der Mitgliedschaft tendieren. Aus diesem Gegensatz ergibt sich wiederum ein strukturlogischer Widerspruch, der das Grundgerüst für den Gegenstand einer Symbolanalyse bilden kann. Man hätte demnach im Allgemeinen der Fragestellung nachzugehen, durch welche symbo-lischen Mittel Gruppenzugehörigkeiten hergestellt und mit welcher Differenzie-rungslogik diese Mitgliedschaften symbolisch abgesichert werden.

Beispiel

Beispielsweise können Dorfgemeinschaften daraufhin untersucht werden, wie sie Fremde oder Zugereiste integrieren oder auf Distanz halten. Es steht zu vermuten, dass insbesondere Vereinstätigkeiten oder politisches Engagement im Lokalen zu einer symbolischen Aufwertung der Gruppenzugehörigkeit führen dürften und diese daher unter anderem geeignete Beobachtungsfelder für diesbezügliche Symbolanalysen darstellen mögen.

Milieus stehen demgegenüber für relativ unsichtbare, aber dennoch analytisch auffindbare Orientierungen, die sich in sozialen Praktiken niederschlagen. Auf der Gegenstandsebene von solchen Habitusformationen ist der strukturlogische Widerspruch zwischen der Heteronomie kollektiver Standards und individuellen Autonomieansprüchen soziologisch zu berücksichtigen. Milieubezogene Symboliken lassen sich damit auf die Krisenhaftigkeit lebensweltlich verankerter Orientierungssicherheiten beziehen. Die Selbstverständlichkeit lebensweltlicher Hintergrundüberzeugungen steht in der modernen Welt grundsätzlich in Frage. Die symbolische Konstruktion milieubezogener Gemeinsamkeiten muss mutmaßlich eine Antwort finden auf den ethischen Gegensatz zwischen traditionalistischem Fundamentalismus und erfahrungsverbundener Authentizität. Ob und inwiefern sich gemeinsame Leitvorstellungen tatsächlich zu Milieuorientierungen verdichten, hängt auch davon ab, inwiefern sie sich mit individuellen, eigensinnigen sozialen Praktiken vereinbaren lassen.

Beispiel

Wenn beispielsweise private Routinen wie das Konsumieren von Fernsehprogrammen oder sonstige Vorlieben für Kunst und Kultur überhaupt in den Blick geraten, besteht die Herausforderung darin, sie als Verweisung auf eine homogene Milieuorientierung zu betrachten, die zugleich als symbolische Ausdrucksformen personaler Identität fungieren.

Bei der Betrachtung von *Kulturen* geht es wiederum stärker um den Fokus auf dominante Leitvorstellungen, die für eine ganze Gesellschaft oder gesellschaftliche Teilbereiche ordnungsbildend wirken. Der Gegenstand der Analyse verschiebt sich auf übergreifende Weltbilder, die symbolische Stützen einer Kultur darstellen. Religiöse Grundüberzeugungen, Gerechtigkeitsvorstellungen, Anerkennungs- und Leistungsprinzipien, aber auch ökonomische Lebensstandards, ästhetische Grund-

figuren und sprachlich kultivierte Begriffssysteme sind Beispiele solcher kultur-
bezogener Deutungsmuster. Eine auf Kultursymbolik ausgerichtete Fragestellung
lässt sich beispielsweise auf Deutungskrisen im Zuge einer öffentlichen Stereo-
typisierung des Neuen beziehen, welche üblicherweise mit jedem gesellschaftlichen Krisenereignis in Verbindung steht. Das Neue muss dann insbesondere in
stellvertretender Deutung durch eine medial verfasste Öffentlichkeit mittels etablierter Stereotype und kulturell verankerte Deutungsmuster kollektiv verbindlich
beobachtet werden. In der symbolischen Verarbeitung des Widerspruchs von Nor-
malitätsfiktion und irritierenden Begebenheiten werden unweigerlich kulturelle
Leitvorstellungen freigelegt, die gegebenenfalls miteinander konfligieren. Konflikte in oder zwischen Kulturen können soziologisch gesehen insbesondere dort
hervortreten, wo unterschiedliche Normen und Wertvorstellungen miteinander um
Geltung konkurrieren.

Beispiel

Ein plastisches Beispiel für die Konkurrenz kultureller Normen bilden exemplarisch die Diskurse über die aktuelle Migrationsproblematik. Hier stehen sich
gesellschaftliche Solidaritätsbekundungen und nationale Sicherheitsbedenken
als Narrative kultureller Leitvorstellungen relativ unversöhnlich gegenüber.

Wenn es zu Spannungen zwischen individuellen Präferenzen und sozial vorgegeben
Einstellungen kommt, können diese Bruchlinien zudem symbolisch markiert werden als Widerspruch zwischen etablierten und vorgegebene Weltsichten und eigenständigen Stellungnahmen, die zum Aufbrechen „alter" Denkgewohnheiten führen.
Daher lassen sich unter das Niveau der kulturellen Symbolik auch Orientierungsan-
strengungen sozialer Bewegungen rubrizieren, die jenes Aufbrechen überkommener
gesellschaftlicher Ordnungsvorstellungen zum Leitmotiv ihrer Existenz erklären.

Beispiel

Zu denken ist hier beispielsweise an die Bandbreite von Queer-Symboliken wie
Regenbogenflagge und Debatten über Transgender Toiletten, die das Bild klas-
sischer Geschlechterrollen aufbrechen und konventionelle Denkmuster und
Orientierungen in Frage stellen.

5.12 Fazit: Die hypothetische Formulierung eines strukturlogischen Widerspruchs als Maxime der empirisch sensibilisierenden Fragestellung

Fassen wir mit Blick auf dessen forschungspraktische Schlüsselstellung abschließend nochmals das Problem von Fallbestimmung und Fragestellung analytisch zusammen.

Die theoretisch-konzeptionelle Einbettung von Symbolanalysen hat es mit einem zweistufigen Problem zu tun. Der Begriff Fallbestimmung beschreibt dabei die erste Stufe, der Begriff Fragestellung die zweite Stufe einer soziologischen Rahmung.
Auf der ersten Stufe geht es darum, den soziologischen Gegenstand zu umreißen, von dem aus eine Fragestellung in Angriff genommen werden kann. Die Vorstellung abgrenzbarer sozialer Einheiten findet im Fallbegriff ihren Niederschlag, der unterschiedliche soziale Ebenen umschließen kann (Akteur, Familie, Milieu usw.). Mit der Frage: Was ist der Fall? sollen solche soziologischen Gegenstände auf dem Hintergrund theoretischer Vorannahmen analytisch identifiziert werden (Hildenbrand 1999).
Die zweite Stufe beinhaltet die Aufgabe einer weiteren Präzisierung: Was ist die Frage? Hier wechselt der Blick von der statischen Bestandsaufnahme (Was gibt es?) auf eine dynamische Perspektive (Was geht vor sich?) mit der Zielsetzung nach einer konkreten Aufgabenstellung zu suchen, die ein soziologisches Problem herausstellt.

Beispiel

Vergegenwärtigen wir uns dies noch einmal an einem Beispiel: Für sich genommen können Bauerfamilien zwar bereits einen soziologisch bedeutsamen Fall darstellen. Ohne aber ein konkretes Handlungsproblem, wie beispielsweise die Hofübergabe ohne männliche Nachfolge (Jäkel-Wurzer 2010) oder aber die Bewältigung gesellschaftlicher Umbrüche, wie der tiefgreifende Einschnitt nach 1989/90 in die Strukturen landwirtschaftlichen Arbeitens (Engelstädter 2004), lassen sich jedoch keine abschließbaren Forschungsarbeiten durchführen.

Erst der Problembezug komplettiert somit die Definition der Fragestellung.

▶ Als Maxime empfiehlt es sich dabei, hypothetische Krisensituation und Konfliktlinien entlang der soziologischen Fälle und Fallebenen zu vermuten, die zu einem abstrakten und objektiven Widerspruch der Praxis führen.

Die Fragestellung lautet dann also: Wie geht die Praxis mit diesem postulierten Widerspruch um und welche Rolle spielt dabei die symbolische Bewältigung der Krisensituation? Mit derartigen theoretischen Vorüberlegungen lässt sich dann auch das grundsätzliche methodische Dilemma eines Kompromisses zwischen offener und fokussierter Fragestellung analytisch in den Griff bekommen. Denn wenn der Blick sich gezielt auf die Bewältigung eines hypothetischen Krisenphänomens richten kann, sollte man in jedem Falle für die Eigentümlichkeiten jedweder Praxis genügend sensibilisiert sein.

Natürlich sind diese begrifflichen Bestimmungen immer wieder an den konkreten Gegenständen zu spezifizieren und gegebenenfalls auch zu korrigieren. Als Faustregel sollen sie lediglich dazu führen, in einem heuristischen Sinne praktisch relevante Problemstellungen auszumachen (siehe Abbildung 5.2).

Abbildung 5.2   Das Problem der Fragestellung: Vom Gegenstand zur Forschungsfrage (eigene Darstellung)

5.13   Literaturempfehlung – Fälle, Gegenstände, Fragestellungen von Symbolanalysen

Warum es geboten ist, einer Symbolanalyse eine „passende" Fallbestimmung voranzustellen, die sowohl Auskunft über den Gegenstand als auch die Fragestellung geben soll, zeigt insbesondere Andreas Wernet (2009) in seinen exemplarischen Sequenzanalysen. Er vertritt die Ansicht, dass eine rekonstruktive Analyse, soll sie nicht zu einer interpretativen Überforderungen führen, notwendig auf eine

Fallbestimmung angewiesen ist. Das gleiche Material bzw. ein ähnlicher empirischer Zugang kann über ganz unterschiedliche Phänomene bzw. Gegenstände Auskunft geben. Erst die analytische Engfassung eines Bezugsproblems eröffnet daher überhaupt einen abschließbaren Deutungshorizont, der durch Interpretationen erschlossen werden kann.

Eine zweite Literaturempfehlung soll hingegen eine soziologische Orientierungshilfe bei der gedanklichen Fixierung von relevanten „Fällen" bzw. „Fallniveaus" geben. Luhmann (1975) hat, wenn auch aus einer einseitig theoretischen Betrachtung heraus, auf unterschiedliche soziologisch differenzierbare Analyseebenen hingewiesen. Dass Interaktionen, Organisationen und Gesellschaft auf unterschiedlichen Organisationsprinzipien beruhen, die einer eigenen Logik folgen, lässt sich hier exemplarisch nachvollziehen.

Wernet, Andreas (2009): Einführung in die Interpretationstechnik der Objektiven Hermeneutik, 3. Auflage, Wiesbaden (Kapitel 4).

Luhmann, Niklas (1975): Interaktion, Organisation, Gesellschaft. Anwendungen der Systemtheorie, in: ders, Soziologische Aufklärung 2. Aufsätze zur Theorie der Gesellschaft, Opladen, S. 8-20.

Zum Problem der Materialgrundlage 6

Dinge, Praktiken, Bedeutungen

Zusammenfassung

Dieses Kapitel beinhaltet zunächst eine Gegenüberstellung unterschiedlicher Arten von Datenmaterial, die für die qualitative Sozialforschung im Allgemeinen in Frage kommen. Für die Symbolanalyse wird dann im Besonderen erläutert, wie die Wahl aufschlussreicher empirischer Feldzugänge von statten geht, welche jeweils auf die Forschungsfrage abgestimmt sein müssen. Dies wird unter Bezug auf die im vorausgehenden Kapitel umrissenen Fragestellungen exemplarisch vorgeführt. Zuletzt geben wir noch Hinweise zur Aufbereitung des Materials.

6.1   Die empirische (Un-)Sichtbarkeit von Symbolen

Es wäre ein fataler Irrtum, zu meinen, die empirische Materialgrundlage der Symbolanalyse bildeten schlicht Symbole aller Art, und Aufgabe der Analyse sei es dann eben, deren Bedeutung zu entschlüsseln. Weder sind nämlich Symbole als solche empirisch fassbar, so als handelte es sich um greifbare Gegenstände, die sich widerstandslos sezieren und unter das Mikroskop der Hermeneutik legen lassen. Noch erschöpft sich die hiermit einhergehende wissenschaftliche Fragestellung in der Dechiffrierung versteckter symbolischer Anspielungen. Bei der Auswahl des konkreten Materials ist folglich zu beachten, dass grundsätzlich wesentliche Unterschiede bestehen (können) zwischen dem empirischem Material, dem Symbol an sich und dem eigentlichen Forschungsthema. (Mögliche Auffassungen dieses Verhältnisses sollen unten genauer erörtert werden.) Die Symbolanalyse steht diesbezüglich jedenfalls in schroffem Gegensatz zu einfachen kulturhistorischen Studien und Dokumentationen.

Im Falle gewöhnlicher *Dokumentationen* ist der Gegenstand der Untersuchung unmittelbar gegeben: Es handelt sich hierbei schlicht um reale Personen, Künstlergruppen, politische Gruppierungen, klar umrissene Kollektivereignisse etc., deren thematische Einheit nicht erst in theoretischen Begriffen konstruiert werden muss. Forschungsthema und untersuchter Wirklichkeitsausschnitt fallen damit zusammen. Die empirischen Recherchen stehen folglich im Dienste einer möglichst authentischen Rekonstruktion historischer Abläufe, im Zuge derer es umfassende Hintergrundinformationen zu einer erzählbaren Geschichte zu verdichten gilt – oder die betreffenden Daten doch zumindest nach systematischen Gesichtspunkten zu archivieren sind.

Entsprechend verstehen *historische Untersuchungen* ihre empirische Materialgrundlage als „Quellenlage", wobei den einzelnen „Quellen" mehr oder weniger verlässliche Informationen über die realen Geschehnisse in Vergangenheit oder Gegenwart zu entnehmen sind. Man analysiert archäologische Fundstücke, sichtet Zeitdokumente, befragt Zeitzeugen. Einer in diesem dokumentarischen Sinne betriebenen Geschichtsschreibung geht es ebenso wie der journalistischen Berichterstattung in den vielzitierten Worten des Historikers Ranke (1885) vorrangig darum, aufzuzeigen, wie es „eigentlich gewesen sei". Hierzu muss immerhin eine treffende Auswahl typischer Episoden und Schlüsselereignisse gefunden werden, sind in stimmiger Weise prägende Umstände, kausale Faktoren, maßgebliche Einflüsse herauszuarbeiten.

6.2   Die Differenz zwischen empirischem Phänomen und dem Forschungsgegenstand an sich

Während Dokumentationen sich also mit dem Anspruch einer wirklichkeitsgetreuen Berichterstattung begnügen können, zielen elaboriertere qualitative Methoden typisch auf hintergründige Muster, implizite Orientierungen, latente Strukturen. Hierdurch wird ein zusätzlicher Schritt der Operationalisierung notwendig, welcher die forschungspraktische Übersetzung modellmäßig postulierter Größen in empirisch fassbare Daten betrifft. Bereits die sogenannte dokumentarische Methode (Bohnsack 2013) beschränkt sich nicht, wie man dem Namen nach meinen könnte, auf eine bloße äußerliche Beschreibung insbesondere des Verhaltens bestimmter Gruppen. Sie versucht vielmehr die impliziten Wissensbestände und habitualisierten Orientierungsmuster zu verstehen, indem diese über Techniken der behutsamen Paraphrasierung von Gesprächsaufzeichnungen oder anderen Dokumenten der betreffenden Praxis herauspräpariert werden.

Die akademische Schule der Objektiven Hermeneutik um Ulrich Oevermann (2002) hat die hieraus resultierende Differenz zwischen dem Forschungsgegenstand an sich und den empirisch beobachtbaren Phänomenen wohl am konsequentesten methodologisch beherzigt. Zunächst ist eine rein theoretisch begründete, „ontologische" Setzung erforderlich, die also eine modellhafte Seinsunterstellung beinhaltet. Ausgehend von der Annahme: Es gibt latente Sinnstrukturen, die sich in den Praktiken teils hinter dem Rücken der Akteure manifestieren, lassen sich diese dann anhand von real beobachtbaren Phänomenen methodisch erschließen. Als Grundlage für die Analyse dienen geeignete Daten, die als „Protokolle" solcher Praktiken zu verstehen sind, welche quasi als materielle Abdrücke und Spurentexte (Oevermann 1985) dieser Sinnstrukturen aufgefasst werden.

6.3 Typen des Materials: Beobachtungsprotokolle, Bildmaterial, Texte

Solche datentauglichen Protokolle können etwa Fotos, Filmaufnahmen oder Transkriptionen von Mitschnitten einer Interaktion sein. Insbesondere eignen sich aber auch kulturelle Artefakte, wie sie oft eigens bereits zu explizit symbolischen Zwecken erzeugt werden: Festreden, Logos, Dekorationen etc.

Vor der eigentlichen Interpretationsarbeit am Material ist wiederum zu bestimmen, mit welcher Materialsorte welche Analyseabsicht verbunden wird. Einige Datensorten eignen sich besser als andere, um symbolischen Praktiken im angedachten sozialen Einsatzort nachzuspüren. Die qualitative Sozialforschung geht daher davon aus, dass sich die eigentliche Analyse auf besonderes Material zu stützen hat. Während bspw. ethnographische Zugänge Beobachtungsprotokolle heranziehen (Spradley 1980), diskursanalytische Zugänge zumeist Dokumente aus Massenmedien (Zeitungsberichte usw.) benutzen, Zugänge der dokumentarischen Methode auf Material von Gruppendiskussionen (Nentwig-Gesemann 2010) zurückgreifen, können objektiv hermeneutische Verfahren mit gänzlich allen Materialsorten betrieben werden (Oevermann 2002). Der Clou hermeneutischer Verfahren besteht gerade darin, dass das kleinste Materialfragment bereits ein universelles Muster enthält, wie dies im Übrigen auch typisch für Forschungen in der Physik oder der Biologie ist. Der betrachtete empirische Wirklichkeitsausschnitt, dessen Komplexität es auf handhabbare Daten zu reduzieren gilt, hat demnach selbst lediglich einen exemplarischen Charakter. Anhand von Äpfeln, Fruchtfliegen oder Abiturreden werden also allgemeine Fragen der Gravitation, der Genetik beziehungsweise institutioneller Mythen untersucht.

Auch hier wollen wir keine festgefügte Lehrmeinung zum Zusammenhang von Materialsorte und Interpretationsabsicht wiederholen, sondern im Hinblick auf Symbolanalysen darauf aufmerksam machen, dass zwischen Material und der Analyseabsicht ein Passungsverhältnis herzustellen ist. Letztlich muss man sich auch mit Bezug auf das vorliegende Material die Frage stellen, ob die anvisierte Fragestellung vom vorliegenden Material zu beantworten ist. Grundsätzlich kommen für qualitative Studien die in der Abbildung 6.1 präsentierten Sorten von Material in Betracht.

1. Objektive Daten

2. Handgefertigte Beobachtungsprotokolle

3. Technisch bewerkstelligte Abbilder der Wirklichkeit

4. Praxiseigene materielle Manifestationen sozialer Sinnstiftung

5. Künstlich provozierte Zeugnisse

Abbildung 6.1   Materialgrundlagen für Symbolanalysen (eigene Darstellung)

6.4   Datenkategorie 1: Objektive Daten

Zur Kategorie der objektiven Daten zählen sachliche Fakten aller Art, etwa Kontextinformationen und historische (beziehungsweise akteursbezogen: biographische) Eckdaten. Obgleich diese offensichtlich für die Symbolanalyse zunächst weniger relevant sind, lassen natürlich beispielsweise bereits Informationen über die Wahlbeteiligung oder den durchschnittlichen Verbrauch von Weihrauch Rückschlüsse auf symbolische Strategien zu. Natürlich ist selbst bei den als objektiv veranschlagten Daten zu berücksichtigen, dass zumindest ihre Vermittlung durch Personen oder durch Niederschriften in amtlichen Verzeichnissen ebenso Sinnkonstruktionen vorausgehen. Auch bei den objektiven Daten sind daher die subjektiven Anteile und Deutungsprozesse der Herstellung dieser Datensorte zu beachten (Hildenbrand 2012).

6.5   Datenkategorie 2: Handgefertigte Beobachtungs-protokolle

Unmittelbaren Zugang zur untersuchten Praxis gewinnt die Forschung über teilnehmende Beobachtungen. Dass die Wahrnehmung des Geschehens aus der Teilnehmerperspektive für ein tieferes Verständnis symbolischer Zusammenhänge unumgänglich ist, dürfte seit den oben erwähnten Klassikern der Ethnologie (insbesondere Malinowski und Geertz) unbestritten sein. Zur Ein- und Ausübung des symbolanalytischen Blicks im Alltag findet ohnehin ein fortwährender Beobachtungsprozess statt, für Forschungszwecke gilt es die vollzogenen Beobachtungen nun überdies schriftlich festzuhalten. Dies kann entweder anhand von begleitenden Feldnotizen oder in Form von Erinnerungsprotokollen geschehen. In jedem Falle ist hierzu eine möglichst neutrale Erfassung der wahrgenommenen Ereignisse und Verhältnisse erforderlich. Der Beobachter hat unvoreingenommen das zu protokollieren, was vor seinen Augen passiert, ohne es im gleichen Atemzug schon zu bewerten und zu beurteilen. Zugleich müssen die Beobachtungen aber bereits im richtigen Bezugsrahmen erfolgen, eine völlig mechanische Aufzeichnung von unzähligen Details physikalischer oder biologischer Art genügt bei weitem nicht. Zwar ist beispielsweise bei der Beobachtung einer Demonstration die wahrgenommene Kleidungsordnung absolut relevant, gleichwohl wäre es wenig hilfreich, übermäßig auf modetechnische Details wie Schnittmuster, Farbstoffe und Baumwollanteile zu achten, dafür aber womöglich Gangart, Parolen oder Gruppenkonstellationen zu ignorieren. Daher ist bei der Erstellung von Beobachtungsprotokollen in besonderer Weise ein objektivierendes Augenmaß erforderlich. Für die Praxis des Protokollierens gibt es ganz unterschiedliche Vorlieben und Herangehensweisen (Streck u.a. 2013). Auch weil die Intensität der Mitgliedschaft im Feld variiert, müssen Beobachtungsprotokolle mal mehr Nähe, mal mehr Distanz zur Praxis herstellen.

Insbesondere dort, wo die anvisierte symbolische Praxis „stumm bleibt" oder mit Gesten und anderen non-kommunikativen Mitteln abgestützt wird, ist eine schriftlich fixierende und sprachlich objektivierende Protokollierung des Geschehens notwendig. Viele Symbole, wie beispielsweise der Ring, haben für sich genommen keine textförmige Ausdrucksgestalten, sondern die sozialen Praktiken, die mit ihnen in Verbindung stehen, wie beispielsweise Gabe und Gegengabe, können erst durch Protokolle einer teilnehmenden Beobachtung einer Analyse zugänglich gemacht werden.

6.6   Datenkategorie 3: Technisch bewerkstelligte Abbilder der Wirklichkeit

Der Rückgriff auf technische Verfahren der Aufzeichnung in Bild und Ton hat demgegenüber den Vorteil, dass verfälschende Einflüsse ideologischer Art weitgehend ausgeschlossen werden können. Die Mitschnitte bedürfen dann allerdings einer nachträglichen Aufbereitung, bei der Tonaufnahmen gegebenenfalls inklusive Betonungen transkribiert und letztlich auch Videos und Bilder in Textform zu überführen sind, denn schließlich muss als Voraussetzung für die Interpretation vorher weitgehend Einigkeit darüber hergestellt werden, was wörtlich gesagt wird und was genau auf den zu interpretierenden Bildern zu sehen ist. Symbolik ist in dieser Kategorie visueller und textförmiger Daten insofern implizit immer enthalten, als Ansprachen, Anspielungen, technische Anlagen, Anordnungen aller Art von der Praxis selbst stets symbolisch gelesen werden. Sobald in Bild und Ton explizite Symboliken in natura eingefangen werden, wie etwa Metaphern, Slogans oder Bildnisse, hat man es genau genommen bereits mit einer weiteren Kategorie von Daten zu tun (siehe unten).

Weil man symbolische Gegenständen nicht direkt zum Sprechen bringen kann, braucht es technikbasierter Erhebungsinstrumente. In der praktischen Umsetzung der Datenerhebung ändert sich damit im Vergleich zur Materialbeschaffung etablierter Forschungszugänge nicht viel, konzeptionell ist aber bei der Datenerhebung zu berücksichtigen, dass in den vertexteten oder anderweitig inventarisierten Daten symbolische Ausdruckformen eingeschlossen werden, die erst durch diese Fixierungen analysefähig werden können. Neben der manifesten Ebene der Texte, Bilder und Dokumente, die intentional verstanden oder umfassend beschrieben werden können, finden sich in ihnen auch Verweise auf unbewusste symbolische Ordnungen oder symbolbezogene Praktiken.

6.7   Datenkategorie 4: Praxiseigene materielle Manifestationen sozialer Sinnstiftung

Ein alternativer Zugang zur sozialen Wirklichkeit besteht darin, diese Wirklichkeit gewissermaßen indirekt sich selbst protokolieren zu lassen. Anstelle einer aktiven Dokumentation sind hierzu lediglich geeignete Erzeugnisse abzugreifen, in denen die betreffende Praxis in Schriftform und in sonstigen Artefakten Zeugnis über sich selbst ablegt (Tagebücher, Flugblätter, Familienfotos, Tätowierungen). Materielle Produkte dieser Kategorie lassen sich buchstäblich als fertiges Datenmaterial mitnehmen (oder gegebenenfalls kopieren oder abfotografieren). Eine gängige Strategie besteht im Umweg über bestimmte Medien (indem historische Liebessemantiken anhand von Romanen rekonstruiert (Luhmann 1982) oder die Sinngehalte sonstiger Themenkomplexe in verdichteter Form anhand von Lyrik oder Werbeclips erfasst werden). Im Extremfall reicht aber auch schon ein Griff in die Mülltonne (die bekanntlich von Geheimdiensten tatsächlich als einschlägige Informationsquelle genutzt wird), um an „fertige" Daten für Symbolanalysen zu gelangen.

6.8   Datenkategorie 5: Künstlich provozierte Zeugnisse

Eine letzte Option besteht schließlich darin, derartige Zeugnisse künstlich zu erzeugen, indem der Forschungsgegenstand gleichsam zu methodisch mundgerechten Stilproben provoziert wird. In diese Rubrik fallen unter anderem narrative Interviews, arrangierte Gruppendiskussionen, Visualisierungsaufgaben, Körperskulpturen und systemische Aufstellungen. Vorteil dieser letzten Datensorte ist es, dass der Stellenwert symbolischer Muster aus Sicht der Betroffenen selbst erläutert oder beispielsweise anhand von Geschichten oder Abbildungen veranschaulicht wird. Das Problem solches artifiziellen Datenmaterials liegt allerdings darin, dass es aufgrund einer gewissen reflexiven Kontrolle und performativen Künstlichkeit tendenziell eine geringere Authentizität aufweist, als dies bei originalen performativen Akten und Artefakten der Fall ist.

6.9   Hybridvarianten und methodische Konsequenzen

Die Unterscheidung zwischen diesen unterschiedlichen Datentypen ist vor allem dann zu berücksichtigen, wenn hybride Varianten die Datengrundlage der Interpretation bilden. So könnte zur Untersuchung von Mustern der symbolischen Vergemeinschaftung beispielsweise eine politische Demonstration beobachtet werden, an der sich die Überschneidungen der unterschiedlichen Materialerfassungen und Datensorten exemplarisch verdeutlichen lassen. Wir nutzen dafür die Nummerierung der Datensorten in diesem Kapitel (siehe die Übersicht zur Materialgrundlage):

Beispiel

Neben manuellen Beobachtungsnotizen *(2. Beobachtungsprotokoll)* bietet sich
hierbei zur verlässlicheren Dokumentation selbstverständlich das Schießen von
Fotos an *(3. Technische Abbilder)*. Falls dies nun aber etwa aus Sicherheitsgründen
den nur eingeschränkt möglich ist – oder aus anderen pragmatischen Gründen
–, wäre der Rückgriff auf anderweitig verfügbares Bildmaterial möglich. Hier
ist nun aber zu beachten, ob es sich um die Aufnahmen eines neutralen Fotografen
fen handelt (welches ebenso der Soziologe selbst hätte sein können), ob sie von
politischen Gegnern oder polizeilichen Ermittlern stammt, ob die Aufnahme
vielleicht von den Veranstaltern zu Zwecken der Öffentlichkeitsarbeit bewusst
ausgewählt wurde *(4. Praxiseigene Materialien)*, ob die Szene gar eigens gestellt
stellt wurde *(5. Künstliche Zeugnisse)*. Wenn auf einem Pressefoto oder einem
Werbeplakat ein Transparent nur unvollständig zu erkennen ist, dann wäre diese
se Unvollständigkeit methodisch zu berücksichtigen, sofern das Bild selbst als
praxiseigenes ikonisches Artefakt behandelt wird *(4. Praxiseigene Materialien)*, wohingegen
lien)*, wohingegen die Interpretation sich auch auf das Transparent als solches
beziehen kann *(3. Technische Abbilder)*, sodass die Unvollständigkeit schlicht
als reiner Mangel bei der technischen Aufzeichnung zu verstehen wäre, der
gegebenenfalls mittels eigenen Beobachtungen *(2. Beobachtungsprotokollen)*
leicht zu korrigieren ist. Schließlich wären natürlich objektive Fakten zur Beteiligung
ligung von bestimmten Personengruppen und Organisationen von Bedeutung
(1. Objektive Daten), die wiederum aus (beschönigten) Angaben der Veranstalter
ter *(4. Praxiseigene Materialien)*, aus Beobachtungsnotizen *(2. Beobachtungsprotokollen)*
protokollen)* abgeleitet oder indirekt aus dem Bildmaterial *(3. Technische Abbilder)*
bilder)* erschlossen werden können. Für alle genannten Datensorten gilt zudem
durchweg, dass sie entweder in Bild- oder in Textform vorliegen, wobei nach
gängiger Meinung Bildmaterial letztlich in Textform zu überführen ist.

6.10   Zum Datenstatus symbolischer Muster

Bezüglich des empirischen Status symbolischer Muster sind im Prinzip zwei Auslegungen
legungen denkbar:

a) Das Symbol lässt sich erstens als Symptom des gesuchten Phantoms lesen. Sie
   kann also (um es in der Sprache der Objektiven Hermeneutik zu sagen) als
   Ausdrucksgestalt einer Fallstruktur begriffen werden. Symbolik dient dann als
   Indikator der zu untersuchenden, wenngleich allein theoretisch zu postulieren-

den Größe, deren Strukturen sich im symbolischen Material gleichsam zu spiegeln scheinen. Das Symbol fungiert als Spur, wohingegen es doch eigentlich beispielsweise um individuelle Identitätsformationen, Familiengeschichten, Gruppendynamiken, Organisationsprozesse, Milieukonstitutionen, kulturelle Stereotypen etc. oder deren allgemeine Strukturprinzipien geht. Dann wäre Symbolik letztlich eine spezielle Materialsorte neben anderen, und zwar im Sinne der oben genannten Kategorie 4. Diese methodologische Auffassung mag nun insbesondere bei expliziter Symbolik (Logos, festliche Zeremonien, Schilder) sinnvoll erschienen. Selten sind Symbole in ihrer praktischen Bedeutung allerdings so augenscheinlich wie auf Schildern oder Logos. Um der Unsichtbarkeit des Symbolischen auch analytisch zu begegnen, lohnt sich daher eine erweiterte Auslegung.

b) Zweitens kann Symbolik nämlich auch als Lösung für ein hypothetisches Problem der Praxis angesehen werden. In der Fragestellung wird dann selbst schon Symbolisierung als Strategie des Umgangs mit einer postulierten Krisensituation gesetzt. Bei der Analyse des empirischen Materials ist folglich nach signifikanten Äußerungen und Äußerlichkeiten Ausschau zu halten, die nunmehr automatisch als symbolisch zu verstehen sind, da Praxis sich per se symbolisch vollzieht. Der Blick richtet sich nun auf Formen einer Bewältigung der hypothetischen Krise kraft symbolischer Mittel (so im Hinblick auf die Konstitution von Raum, kognitive Orientierungen, Vergemeinschaftung, Transformationen der Libido usw.).

Wenngleich aus den im vorhergehenden Kapitel formulierten Empfehlungen hervorgeht, dass die zweite Variante der Symbolanalyse von uns favorisiert wird, muss letztlich stets im Einzelfall abgewogen werden, welcher strategische Ansatz der Forschungsfrage jeweils angemessen scheint.

Ohnehin wird man es aufgrund der Komplexität und Vielschichtigkeit symbolischer Ordnungen typisch mit Mischformen zu tun haben. Eine der weiteren Auslegung (b) folgende symbolanalytische Fragestellung kann ihre Materialgrundlage ebenso in profanen Alltagsabläufen wie in zeremoniellen Veranstaltungen, die selbst im Wesentlichen symbolischen Charakter tragen, finden. Innerhalb explizit symbolischer Akte können uns wiederum symbolische Muster begegnen, die auf einer ganz anderen Ebene liegen.

Beispiel

Diese Verflechtungen zeigen sich beispielsweise in wenig greifbaren Kulturerscheinungen wie institutionellen Mythen, spezieller: Schulmythen, die grundsätzlich auch implizit im Unterrichtsbetrieb und sonstigen organisationsinternen Interaktionen zum Ausdruck kommen könnten (Helsper und Böhme 2000). Als Materialgrundlage wird in der hier angesprochenen Studie unter anderem die Festrede eines Schulleiters anlässlich des Abiturballs, also im Rahmen einer rein zeremoniellen Veranstaltung gewählt. Dem liegt offensichtlich die Annahme zugrunde, dass derlei Reden eben kein bedeutungsloses Gerede darstellen, wie es Abiturienten in der realen Situation durchaus vorkommen mag. Innerhalb der Festrede tauchen wiederum eine Vielzahl von Metaphern und Allegorien, vergemeinschaftende Begrüßungen und Würdigungen, Statusmarkierungen und sonstigen symbolischen Formen auf, welche als stilistische Elemente in den Akt der festlichen Mythos-Beschwörung eingehen.

6.11 Von der Forschungsfrage zum Phänomen – notfalls als retrospektive Sinngebung

Prinzipiell darf es als keine schlechte Idee gelten, von einem einzelnen symbolischen Phänomen auf weitreichendere Fragestellungen zu kommen. Keine Einzelheit kann vereinzelt genug sein, um nicht von dort aus den Kosmos symbolischer Ordnungen im Allgemeinen sukzessive zu erschließen, der sich ansonsten als hintergründige Lebenswelt dem naiven pragmatischen Blick zu verschließen pflegt. Dennoch hat im Sinne der oben beschriebenen Forschungslogik im Zuge einer methodischen Vorgehensweise immer zuerst die Theorie eine Frage aufzuwerfen, die es dann in geeignete Empirie umzumünzen gilt. Sonst könnte man ja für den empirischen Zugang zur Welt gleich einfach immer aus dem Fenster schauen oder den Fernseher laufen lassen. (Das ist dann allerdings allenfalls Symbolanalyse für Fortgeschrittene.)

Beispiel

Wenn der empirische Blick sich beispielsweise einer Hausbesetzung als außeralltäglichem Phänomen zuwendet, in dessen Rahmen sich eine Vielzahl symbolträchtiger Aktivitäten zu einem relativ geschlossenen komplexen Sinnzusammenhang verdichten, dann liegt dem diesbezüglichen Forschungsinteresse implizit zumindest eine allgemeine Frage zugrunde: beispielsweise eben die nach der Komposition, Dramaturgie und Wirkungen symbolischer Ordnungen einer Hausbesetzung. Denn auch hier ließe sich vermuten, dass der Vorgang einer illegalen Inbesitznahme von privatem Eigentum ein Einbruch gesellschaftlicher Normalitätsvorstellungen und Deutungsroutinen darstellt, die symbolisch bearbeitet und legitimiert werden müssen. Anstelle eines heimlichen Bezugs werden Hausbesetzungen typisch eigens halböffentlich zelebriert. Folglich gilt es im Wesentlichen den Anschein eines bloßen kriminellen Egoismus symbolisch zu entkräften und das Spektakel im Namen höherer Werte zu legitimieren.

Die hieraus resultierende Fokussierung stellt nun keineswegs eine Einengung des empirischen Sensoriums dar, sie ermöglicht vielmehr erst eine Sensibilisierung für die Erfassung wesentlicher Einzelheiten. Die protokollförmig festzuhaltenden Beobachtungen richten sich nun gezielt auf sämtliche signifikanten Details, mittels derer die Situation gerahmt und in einen übergreifenden weltpolitischen Zusammenhang eingeordnet wird, angefangen von räumlichen Markierungen und moralisierenden Abgrenzungen, subkulturellen Codes und rituellen Formen der Solidarisierung, emotionalen Gesten und ästhetischen Chiffren über die Etablierung interner Statusordnungen bis hin zu gesellschaftsbezogenen Deutungsmustern und metaphorisch verfassten Weltbildern. Die Hausbesetzung interessiert damit letztlich als besonders typischer, offensichtlicher und empirisch gut zugänglicher *Fall eines krisenhaften Bruchs der lebensweltlichen Normalität*, welcher sowohl symbolisch erzeugt ist als auch symbolisch repariert werden muss. Hierdurch wird die Auswahl der Situation Hausbesetzung dann zumindest rückblickend plausibel begründet. Forschungslogisch gesehen erfolgt also von der allgemeinen Fragestellung her überhaupt erst eine pragmatische Entscheidung für bestimmtes Fallmaterial, das entsprechend als (symbolische) Materialisierung und Ausdrucksform der betreffenden Praktiken in Betracht kommt.

6.12   Die Wahl des empirischen Zugangs

Eine erste Eingrenzung des Untersuchungsfeldes kann unter anderem erfolgen, indem ein bestimmter Ort, eine Veranstaltung oder ein sonstiges Ereignis als empirischer Ausgangspunkt gewählt wird. Die Auswahl gibt damit eine forschungspragmatische Antwort auf die Frage: Wo könnte, später: wo müsste sich zeigen, wie es um den zu analysierenden Fall steht?

▶ Wo würde sich mutmaßlich verfolgen lassen, wie mit der postulierten Krisensituation, der für die betreffende Fallpraxis konstitutiven widersprüchlichen Einheit symbolisch umgegangen wird?

Dort gilt es dann nun erst die betreffenden symbolischen Medien im Einzelnen zu identifizieren und datentechnisch zu sichern, etwa über Aufnahmen und Notizen.

Einerseits ist hierzu ein planvolles Vorgehen angesagt, das zum Hinschauen zwingt, auch wenn die wahrgenommenen Phänomene auf den ersten Blick nichtssagend und belanglos erscheinen sollten. Allein mit Blick auf technische Vorkehrungen (Aufnahmegerät, Papier, Kamera) müssen vorab gewisse Vorentscheidungen zugunsten der präferierten Materialsorten getroffen werden. Bereits im Voraus kann ja die Kombination verschiedener Datenformate vorgesehen sein:

Beispiel

Man wählt etwa die Form eines narrativen Interviews als schwerpunktmäßigen empirischen Zugang, ergänzt diesen aber durch Beobachtungsnotizen zu nonverbalen Faktoren, etwa zur Wohnungseinrichtung des Interviewpartners, sowie durch ein Formular zur Erfassung objektiver biographischer Eckdaten.

Eine derartige „Datentriangulation" bedarf aber umso mehr eines erhebungstechnischen Konzepts, um nicht bereits in einer frühen Erhebungsphase die Kontrolle über den Forschungsprozess zu verlieren.

Andererseits kann man natürlich nicht vorher genau wissen, was man finden wird: Bemerkenswerte Einzelheiten wie Aufkleber, Wandzeitungen, Inschriften, unvorhergesehene Begebenheiten und überraschende Vorkommnisse aller Art sollten daher keinesfalls ignoriert werden, sondern sind stattdessen gleichfalls akribisch zu dokumentieren. Sinnfällige Gelegenheitsschnäppchen und symbolträchtige Beweisstücke hat die symbolanalytische Ermittlungstruppe beiläufig einzusacken. Wenn das Leben mit dem Zaunpfahl winkt, darf die Wissenschaft schließlich nicht stur die Augen zukneifen oder mit dem Fragebogen zurückwedeln. Umso besser, wenn die Praxis sich mit Handzetteln aufdrängt und gleichsam von selbst in den Kescher der Empirie springt.

Grundsätzlich ist es allerdings ratsam, dass die Auswahl empirischer Materialien allein anhand von formalen Gesichtspunkten, also ohne (genaueres) Verständnis des Inhalts erfolgt, um dem Verdacht der Subsumtionslogik, also der Unterordnung empirischer Phänomene unter bereits bestehende Kategorien und Theorien, zu entgehen. Zu diesem Zweck empfiehlt sich nach Möglichkeit der Bezug auf objektive Daten: das meistgeklickte Video, der erste Wortbeitrag, der am weitesten verbreitete Brauch usw. Je nachdem kann die Suchstrategie sich zudem entweder nach typischen Fällen ausrichten oder auch bewusst die Betrachtung von Grenzfällen angestrebt werden. Das ausschlaggebende Kriterium für die Datengewinnung ist allein die Erwartung besonderer Signifikanz im Allgemeinen, denn erst die anschließende Interpretation soll ja dann die gesuchten Strukturmuster im Besonderen enthüllen. Um jeglichen Verdacht der manipulativen Voreingenommenheit bei der Materialauswahl auszuräumen, ist die Erhebung am besten sogar von vornherein so zu konzipieren, dass eine Kenntnis der konkreten Inhalte unmöglich ist, weil das betreffende Ereignis etwa zum Zeitpunkt der Entscheidung noch in der Zukunft liegt: die kommende Weihnachtsansprache des Bundeskanzlers, die bevorstehende Eröffnung der Fußball-WM, die Tageszeitung vom nächsten Montag etc. Das vermeintliche Risiko, womöglich keine aussagekräftigen Daten zu erhalten, erweist sich gewöhnlich als unbegründete Befürchtung. Eine interpretative Analyse von derart begründeten Datenziehungen lohnt sich eigentlich immer, zumindest für den Anfang.

Die Vorgehensweise bei der Übersetzung der Fragestellung in einen empirischen Zugang soll nun im Durchgang durch die im vorherigen Kapitel unterschiedenen Fallniveaus und die diesbezüglich möglichen Fragestellungen verdeutlicht werden. Im Gegensatz zur oben besprochenen Differenzierung von Forschungsgegenstand und Fragestellung wird es damit jetzt um die konkrete Materialerhebung auf der jeweiligen Gegenstandsebene gehen. Auch die folgenden Überlegungen verstehen sich dabei lediglich als Skizze exemplarischer Zugangsoptionen zu empirischen Daten.

Auf der *Ebene des Akteurs* mag es wie erläutert etwa um die Frage gehen, inwiefern und auf welche Weise Individuen eigentlich heute noch einen allgemeinen, über spezielle (vor allem organisationsinterne) Kontexte hinausgehenden gesellschaftlichen *Status* reklamieren. Um dies empirisch zu untersuchen, könnte zunächst nun gezielt die Statussymbolik gewöhnlicher Menschen in weitgehend *anonymen Öffentlichkeiten* analysiert werden. Hierzu bieten sich beispielsweise schlicht visuelle Beobachtungen in der Fußgängerzone einer Großstadt an. Zu einer festgelegten Zeit hätte man alle sichtbaren Passanten einmal darauf hin zu beobachten, anhand welcher Äußerlichkeiten statusbezogene Eigenschaften signalisiert werden. Zusätzlich käme auch in Betracht, weitergehend anonyme verbale Kurzinteraktionen zu protokollieren, wie sie im öffentlichen Raum auf Bitten um ortsbezogene Informationen hin oder an Imbissständen stattfinden, um auch kommunikative Präsentationen des Selbst in Form von Tonfall, Duktus und spontaner Rollenaushandlung analysieren zu können.

Eine alternative Option besteht im hierzu komplementär ansetzenden Versuch, die Statusmarkierungen an der *Grenze zur Privatsphäre* aufzuspüren. Hierzu ließen sich die Fassaden und Portale des Heims im Hinblick auf symbolische Besonderheiten hin analysieren. An Türen oder Toren als Übergang zwischen innen und außen, d.h. zwischen Privatsphäre und Öffentlichkeit wären schon deshalb besondere Anzeichen einer Statusmarkierung zu erwarten, als es sich hier um den Zugang zu einem stabilen Zentrum des individuellen Lebens handelt, der gegenüber Gästen, Nachbarn und sich selbst das Ausweisen einer wenigstens provisorisch skizzierten Identität verlangen könnte. Die Entscheidung zur Betrachtung von Wohnungseingängen erfolgt aber vielleicht nicht zuletzt auch aus pragmatischen Gründen, um nicht die Wohnungen selbst betreten zu müssen.

Weil gewöhnlich hinter einer Wohnungstür Wohngemeinschaften oder klassisch: Familien wohnen, verschiebt sich die Fragestellung dabei unter der Hand allerdings auf die *Fallebene von Paar- und Familienbeziehung.* Rückwirkend gilt es die Fragestellung folglich dahingehend zu präzisieren, ob es womöglich die gesamte Familie betreffenden Statussymbole geben kann.

Auf Formen der symbolischen Vergemeinschaftung von *Gruppen und Milieus* abzielende Fragestellungen werden demgegenüber empirisch eher an *sozialen Brenn-, Kreuzungs- und Reibungspunkten* (Party, Reisegruppe, Stadtviertel) ansetzen, oder man wird die Überlappung verschiedener Wir-Kreise im Rahmen bestimmter *Treffpunkte* (Kneipe) und *Veranstaltungen* (Konzert) aufzufinden suchen. Um vergleichsweise problemlos Textmaterial zu gewinnen, das sich interpretationstechnisch gut handhaben lässt, wäre es beispielsweise möglich, sich zunächst auf die Anmoderation eines Konzerts und die Ansagen einer Band zwischen einzelnen Liedern zu konzentrieren.

Auf der *Fallebene der Kultur* könnte eine typische Fragestellung sich hingegen auf Definitionskrisen beziehen, wie sie sich etwa im Anschluss an *erschütternde Ereignisse* ergeben, die einer symbolischen Rahmung durch mediale Kommunikationsangebote bedürfen, sodass die moralische Integrität der Kultur wieder hergestellt wird. Ein diesbezüglich relevantes Medienereignis dürfte etwa die nächste Katastrophe sein, die es zum Schlagwort auf einschlägigen Nachrichtenseiten oder zu einer Sondersendung im staatlichen Fernsehen bringt.

Fallebene	Exemplarische Zugänge
Akteur	Öffentliche Räume wie Parks, Fußgängerzonen, Imbissbuden
Familie und Paarbeziehung	Private Räume wie Häuser, Wohnungen, Kleingartenanlagen
Gruppe	Kreuzungsräume wie Stadtviertel, Demonstrationszüge, Stammtische und Musikkonzerte
Organisation	Geschlossene Räume wie Unternehmen, Betriebe, Stadtverwaltungen
Milieu	Mentalitätsähnliche Räume wie Konsumverhalten, politische Einstellung, Lifestylekonzepte
Kultur	Dominante Deutungsräume, die bei Krisenereignissen (beispielsweise Anschlagsserien und Naturkatastrophen) in Frage gestellt werden.

Abbildung 6.2   Beispiele empirischer Zugänge zu symbolischen Ausdrucksformen (eigene Darstellung)

Abbildung 6.2 gibt für diesen Zusammenhang einen Überblick über exemplarische Zugänge zu den besprochenen symbolischen Fallebenen. Grundsätzlich muss sich auch die Symbolanalyse Zugänge zu Untersuchungsfeldern verschaffen, die zu je spezifischen Einblicksmöglichkeiten führen, die aber andererseits ebenso typische Einblicksbarrieren aufweisen. Freie Zugänge stehen auch hier „geschlossenen Gesellschaften" gegenüber, die sich vor forschenden Inblicknahmen abzuschotten versuchen.

Weitgehend barrierefrei sind Zugänge im öffentlichen Raum. Hier muss man sich lediglich in Fußgängerzonen treiben lassen, Parkbänke besetzen oder das Kleingeld am Imbissstand zusammenhalten. Aufgrund der Fülle von Eindrücken in öffentlichen Räumen aber nicht den Überblick zu verlieren, gehört bei diesem Untersuchungsfeldern zur zentralen Herausforderung der Forschenden. Denn gerade das „nosing around" (Park 1950), also das bewusste Umherschweifen-Lassen der Gedanken an öffentlichen Plätzen oder beim „Flanieren" (Legnaro 2011) in städtischen Quartieren lässt sich lediglich auf dem Hintergrund vorausgedachter Fragestellungen produktiv im Forschungsprozess einsetzen. So barrierefrei dieser Zugang sein mag, so wichtig erscheint ein selektiver Fokus auf das zu untersuchende Forschungsthema.

Familien und Paarbeziehungen scheinen im scharfen Gegensatz dazu relativ sensible Untersuchungsfelder darzustellen, die auch räumlich demarkierte

Grenzziehungen hervorbringen. Der Schutz familiärer Privatsphären führt in Forschungszusammenhängen daher nicht selten zu unüberwindbaren Zugangsbarrieren. Kann man sich in Kleingartenanlagen noch bis zur Grenze von Gartenzäunen und Privatwegen Familien nähern, schützen sie ihre Privatsphäre in Wohnanlagen und Privathäusern durch „verschlossene" Türen (welche Szenarien sich hinter „verschlossenen Türen" abspielen können, darüber informiert eine eigene kleine Studie; siehe Franzheld 2013). Die Preisgabe privater Informationen, die die gesamte Familie oder einzelne Familienmitglieder betreffen, steht daher immer bereits im Verdacht einer selektiven Informationsweitergabe beziehungsweise familieneigenen Wirklichkeitskonstruktion (Berger und Kellner 1965). Inwiefern es praktikabel erscheint, eigene familiäre Kontakte, Beziehungen und Familienaktivitäten zu nutzen, um diese Zugangsschwellen abzusenken, muss fallweise entlang der vorliegenden Fragestellung entschieden werden. Denn auch im engen Familienkreis und zwischen Familienfreundschaften werden Informationen nicht frei gehandelt, sondern gleichwohl selektiv platziert oder gar gänzlich verschwiegen (Imber-Black 2000).

Für die *Kreuzungsräume bei Gruppen* muss hingegen mit einer anderen Zugangsbarriere gerechnet werden, die wiederum im Kontrast zur räumlichen Abgrenzung von Familien eher eine besondere gedankliche Aufmerksamkeit erfordern kann. Gruppen als Gruppen zu identifizieren setzt voraus, dass auch die kleinsten Zeichen der Mitgliedschaft registriert und hinsichtlich der Gruppenzugehörigkeit richtig interpretiert werden (Für das Beispiel von Gefängnisinsassen siehe Maeder und Brosziewski 1997). So mag die Rockerbande nach außen hin und nicht zuletzt durch ihr martialisches Auftreten noch sehr gut als Gruppe identifizierbar sein, wenn aber ihre innere Zugehörigkeitslogik beispielsweise von Novizen und Arrivierten, von Handlangern und Strategen in den Blickpunkt rücken, dann verschwimmt die Gruppenhomogenität zusehends. Um diese Kreuzungspunkte in und zwischen Gruppen richtig zu lesen und in ihrer Wirksamkeit angemessen zu verstehen, sind nicht nur längere Feldaufenthalte einzuplanen, sondern es können ebenso gut episodische Gruppenmitgliedschaften erwogen werden. Erst die gemeinsame Erfahrung aus der Binnensicht der Gruppe (grundlegend dazu Schütz 1971) macht die Gruppenaktivität, ihre innere Differenzierungslogik und die Komplexität ihrer praktischen Handlungen in Gänze verständlich.

Kann man bei Gruppen noch weitgehend eigenhändig über eine Gruppenmitgliedschaft mitentscheiden, sind *Organisationen kontrastiv dazu eher „geschlossene Gesellschaften"*. Bereits die vorgelagerten Drehtüren, Pforten, Kanzeln und Pressesprecher geben einen Eindruck von abgeschirmten Innenwelten und dienen in erster Linie der Grenzmarkierung, um auch unberechtigte Anfragen und ungebetene Gäste von der Organisation fernzuhalten. Um dennoch

Einblicke in Unternehmen, Stadtverwaltungen oder andere Großbetriebe zu erhalten, scheinen sich grundlegend zwei Zugangswege zu unterscheiden. Im ersten Fall werden offizielle Wege gegangen: Anfragen gestellt, Leitungskräfte kontaktiert, Forschungsanliegen präsentiert, Stellungnahmen abgegeben und von Seiten der Forscher auf ein wissenschaftlich begründetes Interesse an der Organisation insistiert. Wer diese offiziellen Kontaktwege nutzt, sollte nicht nur stets die Weisungsbefugnisse der Organisation, sondern auch die Langwierigkeit solcher Kooperationsabstimmungen im Blick behalten. Oftmals können Organisationen nicht ohne Begründung Forschungsbemühungen abweisen, sondern blockieren Zugänge hinterrücks durch unklare Zuständigkeiten, fehlende Arbeitskapazitäten oder andere Organisationshemmnisse. In der Regel stoßen solche über Leitungskräfte „eingefädelten" Forschungsinitiativen auch bei den Praktikern des operativen Geschäfts auf wenig Kooperationsbereitschaft. Der über die Leitung „erzwungene" Feldzugang kann daher in der Erhebungspraxis schnell zu einem unausgesprochenen „Kooperationsboykott" führen. Die Mitglieder der Organisation sind bei solchen Blockadepraktiken durchaus erfinderisch (siehe Reichertz 1993).

Ratsamer ist es deshalb, die Organisationshierarchien zumindest ein stückweit zu unterlaufen und statt der großen Anfrage ans Unternehmen auch den informellen Weg über einzelne Mitarbeiter zu suchen. Auf der Basis informeller Kontakte und persönlicher Sympathien für Forschungsanliegen lässt sich wohl am schnellsten der Weg ins Innere der Organisation bahnen. Nicht unüblich ist es auch, auf organisationsweit bewährte Mitgliedschaftsrollen (beispielsweise die des Praktikanten oder der Hilfskraft) auszuweichen, um die Anwesenheit in der Organisation gegenüber inhaltlichen oder gar kritischen Anfragen abzusichern.

Das *Milieu haben wir hingegen als mentalitätsähnlichen Raum* gekennzeichnet, der entgegen der konkreten Mitgliedschaft wie beispielsweise bei Gruppen oder Organisationen ohne formale oder gar konkrete Anwesenheitsregelung auskommt. Einem Milieu bleibt man aufgrund stillschweigender Verhaltensmaximen oder lebensweltlicher Überzeugungen verbunden und nicht aufgrund von etwaigen Antragsformularen. Auch hier bleibt einem wenig anderes übrig, als über den Umweg von Konsumverhalten, politischen Einstellungen oder anderer Lifestyle-Aktivitäten auf relativ homogene Milieuräume zu schließen. Auch wenn Milieus zunächst wenig empirisch greifbar wirken, lassen sie sich dennoch mit den Bordmitteln empirischer Datenerfassung soziologisch näher bestimmen. Gerade große Datenmengen, die üblicherweise auch in statistisch argumentierende Sozialstrukturanalysen Eingang finden, eröffnen einen Deutungshorizont, um diese mentalitätsähnlichen Räume abzubilden (siehe dazu exemplarisch die Sinus-Milieustudie 2015). In der qualitativen Sozialforschung hat man sich indessen stärker auf die

Analyse der Entstehungszusammenhänge und der inneren Wirkungsweise von Milieuräumen konzentriert.

Egal ob in statistischen Kennzahlen oder in interpretativen Forschungszusammenhängen, der entscheidende Punkt bei der Milieubetrachtung liegt darin, die beobachteten Lebensstile und Verhaltensmaxime als Verweisungen auf homogene Milieudeutungen zu lesen. Unterschwellig wird so das Problem der Datengewinnung und des Feldzugangs zu einem Problem theoretischer Vorabüberlegungen und indikatorengestützter Datenerfassung. Statistiken einzusehen oder das Verhalten von Akteursgruppen zu beobachten, wäre gemessen daran ein eher als gering einzuschätzendes Zugangsproblem.

Ähnlich zugänglich aber gleichsam *unsichtbar sind auch kulturelle Deutungsräume*, nur dass diese entgegen der Milieuorientierung gesellschaftsweit zur Anwendung kommen. Gerade mit ihrer gesellschaftlichen Reichweite lassen sich Differenzen zu Milieus, Organisationen oder Gruppen ausmachen, wiewohl kulturelle Deutungen diese Ebenen quasi zwangsläufig durchdringen müssen. Für die hier besprochene Zugangsproblematik radikalisiert sich an der komplexen Kulturdeutung das Problem unsichtbarer Analysefelder, und dass obwohl Forscher und Beforschter auch auf dem Fundament ähnlicher Kulturmuster stehen können. Dominante kulturelle Deutungsräume wird man daher am ehesten dort registrieren, wo sie aufgrund von zufälligen oder herbeigeführten Krisenereignissen in Frage stehen. Umweltkatastrophen geben auf diese Weise Auskunft über die Schutzwürdigkeit natürlicher Lebensräume, politische Krisen über gesellschaftliche Selbstverständnisse und der Umgang mit persönlich existenziellen Krisen beispielsweise über gesellschaftliche Solidaritätsbekenntnisse. Mit Blick auf Zugänge zu dominanten Kulturräumen kommt es also auf eine konzeptionell arrangierte Versuchsanordnung an, mit deren Hilfe kulturelle Deutungen gedanklich (vermutete Krisen) oder manifest (tatsächliche gesellschaftliche Krisen) in Frage gestellt werden können und von wo aus die Geltung dominanter Deutungen in der Krisenbewältigung sichtbar gemacht werden kann. Der Zugang besteht letztlich in einem konzeptionellen Kniff, die geltende Ordnung methodisch herauszufordern.

6.13 Die Verschriftlichung als finaler Schritt der Materialaufbereitung

Wir befinden uns nun an einer Stelle im Forschungsprozess, an der wir vor dem analytischen Hintergrund einer allgemeineren Fragestellung die exemplarische Auswahl eines empirischen Fokus getroffen haben, und zwar zunächst im Hinblick auf einen konkreten Ort, ein besonderes Ereignis oder ein spezielles Medium. Auf dem gewählten Terrain sollte sich nun verfolgen lassen, wie eine in abstrakten Begriffen zu postulierende Krise konkret symbolische Bewältigung erfährt. Es wurde überdies ein Weg gefunden, materialisierte Spuren dieser Praxis symbolischer Bewältigung zu sichern, die im Folgenden als Datengrundlage dienen. Bild- oder Tonmaterial, Partituren, Pläne, Feldnotizen etc. liegen also vor, ob die Aufzeichnung nun auf intuitive und impressionistisch gefärbte oder technisch objektivierte Weise erfolgte, ob sie reale Praktiken verdeckt dokumentierte oder fertige Dokumente praxisinterner Selbstdarstellungen abgriff, oder diesbezügliche Erzählungen und visuelle Darstellungen eigens stimulierte.

Diese Datengrundlage gilt es dann in einem letzten aufbereitenden Schritt noch durchweg zu versprachlichen, um Missverständnisse und Unklarheiten über die im Datenmaterial erscheinenden Details weitgehend auszuschalten. Es geht hier darum, die Vorverständigung über sämtliche Probleme der sinnlichen Wahrnehmung so weit wie möglich zu treiben, um sich im folgenden Schritt ganz auf Fragen der Interpretation konzentrieren zu können.

Audioaufnahmen sprachlicher Rede bedürfen deshalb einer wörtlichen Transkription, in denen auf einem jeweils der Fragestellung angemessenen Genauigkeitsniveau auch Versprecher, Pausen, Stimmhebungen und -senkungen etc. festzuhalten sind. Bei der Beschreibung von Bildern ist gewöhnlich deren Inhalt weniger gut zu erfassen, sodass man sich bei der Interpretation neben der sprachlichen Beschreibung in der Regel zusätzlich das reale Bildmaterial vor Augen halten wird (zur Debatte über die symbolische Eigenlogik des Bildlichen siehe etwa Corsten u.a. 2010).

Die Phase der Materialerhebung endet dann vorläufig in der angemessenen informationslogistischen Archivierung einerseits, sei es in Aktenschränken oder in Datenbänken, sowie andererseits in der arbeitstauglichen Aufbereitung von Textpassagen und sonstigen Materialfragmenten, die dann gegebenenfalls etwa auf das Format von Schreibtischen, Pinnwänden, Bildwerfern, Postern, Fallvignetten, Aufsätzen etc. zugeschnitten werden müssen.

6.14   Literaturempfehlung: Die Datengrundlage von Symbolanalysen

Dass in vermeintlich objektiven Daten bereits ein symbolischer Gehalt stecken kann, zeigen exemplarisch die Genogrammanalysen von Hildenbrand (2007). Namensvergabe, Berufswahlentscheidungen, Wohnorte oder Heiratsstrategien sind nicht nur Fakten im Kontext individueller Lebensläufe und familialer Lebenswelten. Sie dienen darüber hinaus immer auch zur symbolischen Lokalisation des

Einzelnen im sozialen Raum, von wo aus sich beispielsweis Schlüsse auf gesellschaftliche Positionierungen, Mobilitätsprozesse oder Auf- und Abstiegstendenzen ziehen lassen.

Spradley (1980) zeigt hingegen in einer klassischen Variante des ethnografi-
schen Forschungsprozesses, wie unterschiedliche Materialsorten konzeptionell
miteinander kombiniert werden können. Für Symbolanalysen ist diese Betrachtung
insbesondere deshalb von Bedeutung, als sich in der Ethnographie das Problem
von Feldzugängen, der Fokussierung auf geeignetes Material und die Verschränkung unterschiedlicher Materialsorten in besonderer Weise als handlungsprakti-
sches Problem der Teilnahme am Feldgeschehen aufdrängt. Darüber hinaus ist
die Ethnographie deswegen ein guter Begleiter von Symbolanalysen, weil sie auf
einen besonderen praxissensiblen Zugang Wert legt und dabei die empirische Praxis in ihrer Vielgestaltigkeit ernst nimmt.

Bruno Hildenbrand (2007): Einführung in die Genogrammarbeit, 2. Auflage, Heidelberg.
Spradley, James P. (1980): Participant Observation, New York u.a. (Kapitel 3).

Zum Problem der Auswertung

7

Interpretieren, Kodieren, Kontrastieren

Zusammenfassung

Dieses Kapitel stellt mit der Sequenzanalyse, dem Kodieren und dem Kontrastieren die drei wichtigsten Strategien des Umgangs mit qualitativem Datenmaterial vor. Nach einer kurzen Erläuterung ihrer Grundzüge wird an materialbezogenen Beispielen demonstriert, wie sich diese Interpretationstechniken jeweils für symbolanalytische Zwecke einsetzen lassen. Dabei werden auch Möglichkeiten einer Kombination der drei Strategien vorgeführt. Dies bildet schließlich das wesentliche Rüstzeug zur eigenständigen Forschungsarbeit.

7.1 Grundprinzipien der Auswertung

Aus methodischen Gründen ist nach Abschluss einer empirischen Erhebungsphase bis auf weiteres prinzipiell davon auszugehen, dass das gewonnene Material auch tatsächlich Aussagekraft in Bezug auf die verfolgte Fragestellung besitzt. Angenommen also, das vorliegende Material kann als authentischer Ausdruck des untersuchten Falls gelten, es ist demnach gleichsam getränkt mit dem betreffenden Sinn, so ergibt sich nun die Frage, auf welche Details gezielt die Aufmerksamkeit zu richten ist, um die betreffenden Sinnstrukturen der Symbole auch wohlbehalten herauszudestillieren. Es ist dies die Frage nach geeigneten interpretativen Strategien.

▶ Auch für unsere Symbolanalyse bleibt nicht viel anderes übrig, als sich der gängigen Methodeninstrumente zu bedienen: *Sequenzanalyse, Kodieren, Kontrastieren*, sowie eine Kombination aus diesen allen.

Beispiel

Das Material kann erstens nacheinander *Sequenz für Sequenz* analysiert werden, um die situationsinterne Generierung von Sinnstrukturen in ihrer inneren Dynamik sukzessive zu erfassen. Man liest den Text also von vorne nach hinten, wobei die jeweils nächste Sequenz erst hinzugezogen wird, wenn die vorherige erschöpfend analysiert wurde. Diese Vorgehensweise einer sequentiellen Feinanalyse eignet sich naturgemäß nur für vergleichsweise geringe Textmengen oder muss ansonsten auf übergreifende Sequenzeinheiten beschränkt bleiben (etwa die Abfolge der Redethemen einer Tagung). Mit der sequenziellen Zerlegung des empirischen Materials folgt man auch der Überlegung und methodischen Grundüberzeugung, dass die symbolische Praxis sich in einem Nacheinander von Interaktionsprozessen und darin eingelagerter Bedeutungszuschreibungen konstituiert. Vermutet wird an jeder Sequenzstelle, gleich ob es sich um die Eröffnung, den Fortgang oder die Beschließung einer Äußerung oder einer anderweitig protokollierten symbolischen Ausdrucksform in Textgestalt handelt, eine vermeintliche Krisensituation, die durch das Material in Handlungs- und Bedeutungsroutinen aufgelöst wird. Sequenziell zu arbeiten bedeutet dann, hinter den in kleine Äußerungseinheiten zerlegten Sequenzen eine Bewegung zwischen Krise und Routine zu vermuten, die bei zunehmender Interpretationsarbeit eine Regelmäßigkeit aufweist, die man als Strukturierungsprinzip des Materials begreifen kann.

Zur Erschließung umfassenderer Textbestände bietet sich hingegen zweitens eine Strategie des *Kodierens* an, bei der aus dem Text behutsam allgemeine Begriffe heraus abstrahiert werden, die sich dann in verschiedenen Zusammenhängen immer wieder als Kategorien von zentraler Bedeutung erweisen. Durch weitere Abstraktion und logische Verknüpfung dieser zunächst der milieueigenen Sprache zu entnehmenden „Codes" erwächst dann späterhin das begriffliche Grundgerüst der späteren Theoriebildung. Gegenüber der kleinteiligen Analyse von einzelnen Sequenzen zielt das Kodieren auf eine empirisch ausgerichtete Konzeptbildung, die versucht die Differenzierungen und Widersprüchlichkeiten der Praxis auf Begriffe und ihre Bezüge hin zu verdichten. Zentral ist dabei die Arbeit mit sogenannten „Schlüsselkategorien", die die Eigenschaft besitzen sollen, mit einem möglichst sparsamen Kategorienkorsett ein Höchstmaß empirischer Variationsbreite aufzuschließen (Strauss 1998, S. 66). Dass sich die Prinzipien von Sequenzialität und Kodieren nicht ausschließen, konnte bereits in empirischen Forschungsarbeiten nachgewiesen werden (siehe grundsätzlich dazu Hildenbrand 2004).

Um die gewonnenen Ergebnisse anhand von weiterem Datenmaterial zu testen und zu modifizieren, bedarf es wiederum einer dritten methodischen Technik: der *Kontrastierung*. Zur Überprüfung und zur weiteren Präzisierung vorläufiger Hypothesen werden vergleichbare Textpassagen, äquivalente Einzelfälle und ähnlich gelagerte Ereignisse einander gegenübergestellt. Zur Erweiterung und Verallgemeinerung wählt man gezielt Materialausschnitte zur genaueren Analyse, die sich oberflächlich betrachtet zu widersprechen scheinen, man konfrontiert möglichst gegensätzliche Felder und konträre Situationen. In der derart methodisch fokussierten Differenz kommen nicht nur Besonderheiten deutlicher zum Vorschein, die ansonsten als allzu selbstverständlich übersehen würden. Qua konsequenter Kontrastierung gelingt auch eine systematische Erfassung des Geltungsbereiches einer rekonstruierten Fallstruktur. Diese wird hierbei zugleich immer weiter vom den Rückständen zufälliger Einzelheiten gereinigt, bis ein Zustand der inhaltlichen Sättigung erreicht wird, in dem die habituell verinnerlichte Skepsis der Forschungsgemeinschaft nicht mehr nach weiteren empirischen Testreihen verlangt, und zwar wohlgemerkt: aus Überzeugung statt aus resignativer Zermürbung! Wer dann trotzdem noch Zweifel äußern sollte, enttarnt sich als notorischer Nörgler, der aus antiszientistischen Vorbehalten sich dem tiefen Blick in das Material von vornherein verweigert. Mit der Kontrastierung lassen sich in der Forschung zwei Strategien verbinden. Einmal die maximale Kontrastierung, also jener Vergleich, der auf der Logik von Differenz beruht und offensichtlich weit entfernte empirische Phänomene unter einer Vergleichsperspektive analysiert. Im positiven Fall einer Bestätigung der Deutungen und Befunde werden über solche Quervergleiche die Reichweite und Geltungsbereiche der Forschungsergebnisse festgelegt. Die minimale Kontrastierung strebt demgegenüber nach einer inhaltlichen Verdichtung der Befunde, sodass auch die Vielfalt der Symbolerscheinungen angemessen dargestellt werden kann (Strübing 2014). Kontrastierungen bieten gute Gelegenheiten, allgemeine Vergleichshorizonte und empirische Besonderungen zueinander in Beziehung zu stellen.

Nach dieser kurzen Umschreibung der drei grundlegenden qualitativen Auswer-
tungstechniken soll nun anhand exemplarischer Materialausschnitte veranschaulicht werden, wie deren Anwendung für Zwecke der Symbolanalyse sich konkret
forschungspraktisch gestaltet.

7.2   Das Prinzip der Sequenzanalyse

Wenn die soziale Funktionsweise von Symbolik aus der Krisenhaftigkeit der Praxis abgeleitet werden soll, dann würde die natürlichste Herangehensweise folglich darin bestehen, die symbolische Bewältigung der Krise in chronologischer
Abfolge zu rekonstruieren. Das Augenmerk der Symbolanalyse mag zwar letztlich kulturell etablierten Standardsymboliken und rituelle Routinen gelten. Der
Rückgriff auf solche sedimentierten Strukturen symbolischer Ordnungen erfolgt
jedoch grundsätzlich unter Umständen einer unsicheren Gegenwart, in denen die
betreffenden Muster zwar vermeintlich nur zitiert werden, ihre Bedeutung aber
eben doch je neu aktualisiert werden muss. Um zu verfolgen, was im Hinblick
auf ein gegebenes Problem praktisch passiert, ist die Sequenzanalyse das adäquate Mittel. Sie erlaubt die innere Dramaturgie symbolischer Krisenbewältigung in
actu zu verstehen. Die Praxis selbst bezieht ihren Sinn ja aus der sequentiellen
Verknüpfung bedeutsamer Äußerungen, mit denen sie ihren eigenen Kontext für
symbolische Anschlussoperationen generiert.

Jede einzelne Äußerung ist hierzu zunächst für sich, unabhängig von realem
Kontext zu betrachten. Anhand von fiktiven Geschichten lassen sich die grundsätzlich möglichen Lesarten erschließen und voneinander abgrenzen, in denen die
betreffende Phrase stimmig wirkt. Hieraus lässt sich dann in der Folge ableiten,
welcher Kontext im aktuellen Fall tatsächlich (nicht zuletzt durch die Praxis selbst)
realisiert wird. Die Schrittfolge von *Geschichten erfinden, Lesarten bilden* und
Anschlüsse testen verweist auf die Verschränkung von in der hermeneutischen
Forschung etablierten logischen Schlussverfahren (siehe Wernet 2009). Beim Geschichten erfinden sollen Sequenzen des Materials experimentell ausgelegt werden
und kreative Hypothesen gewonnen werden. Wichtig dabei ist, dass man zunächst
den realen Kontext, in dem das Material tatsächlich steht, vorläufig außer Acht lässt
und sich nur auf den konkreten Wortlaut der Sequenz einlässt. Wenn eine Hypothese auf kreative Weise und ohne Angabe letzter Gründe gewonnen wurde, hat
sich meist ein abduktiver Schluss ereignet. Die so gewonnene Hypothese kann in
deduktiver Weise an weiteres Material und Folgesequenzen übertragen werden. Die
entscheidende Frage an das Material lautet dabei: wie müsste der Text weitergehen,
damit sich die Hypothese bestätigt. Man deduziert also von der Hypothese auf den

Folgetext. Konfrontiert man die Folgehypothese anschließend mit dem konkreten Material beziehungsweise den nächsten Sequenzen, zeigt sich die Notwendigkeit von Deutungskorrekturen. Man testet quasi induktiv den Einzelfall an der allgemeinen Aussage. Abduktion, Deduktion und Induktion bilden bei dieser Strategie einen Kreislauf, der darauf abzielt, Hypothesen zu gewinnen, sie an der Wirklichkeit zu testen, zu modifizieren und zu korrigieren (Rosenthal 2008, S. 60ff.).

7.3 Der Reklamekurzfilm als exemplarisches Material

Verdeutlicht werden soll diese Vorgehensweise nun am Beispiel einer fragmentarischen Studie zum Fall des „Fußballs" als seltsam bedeutsamem Massenkulturphänomen. Im Rahmen eines grundständigen Seminars nahm die Analyse ihren Ausgang bei der vorläufigen und noch theoretisch kaum ausgeklügelten Frage nach der symbolischen Bedeutung des Fußballs:

> ▶ Wie kann angesichts einer vermeintlich materialistisch orientierten, durchrationalisierten Welt eigentlich ein rein symbolisches Ereignis wie die Fußball-Weltmeisterschaft einen so hohen Stellenwert haben, dass es geradezu omnipräsent ist?

Als exemplarischer Fall einer Symbolanalyse ist „der Fußball" auch insofern instruktiv, als zunächst unbestimmt ist, welche soziologisch bedeutsame Fallebene damit angesprochen wird. Als ein relativ komplexes symbolisches Gebilde muss die Analyse sensibel für die oben angesprochene Gegenstandbestimmung und Fragestellung bleiben. Wir greifen auch deshalb auf das symbolische Spielfeld des Fußballs zurück, weil sich daran zeigen lässt, wie trotz soziologischer Hintergrundkonzeptionen ein offener Forschungsprozess zu gestalten ist.

Die Suche nach einem geeigneten empirischen Zugang führte zum damals gerade aktuellen Werbeclip einer dominanten schwarzen Limonadenmarke anlässlich der Fußball-WM 2014 („WM – Das sind wir alle"). Die Materialauswahl stützt sich dabei auf die Annahme, dass insbesondere Werbung wesentliche kulturelle Sinngehalte in extrem verdichteter Form enthält. (Die produktbezogene Werbebotschaft muss natürlich dann nachträglich wieder abgezogen werden.) Somit soll die symbolische Bedeutung des Fußballs also eben nicht aus dem Spiel selbst herausgelesen werden, nach dem vielzitierten Motto: „Die Wahrheit liegt auf dem Platz" (Otto Rehagel). Dies wäre wohl wenig aufschlussreich, wenn nicht mindestens der

Kommentar eines Reporters einbezogen würde. Stattdessen soll das Material die
dem Fußball zugeschriebenen Sinngehalte protokollieren, und genau dies steht von
einem professionellen Reklamekurzfilm zu erwarten.

Wie aber nun mit diesen bunten 32 Sekunden Videomaterial umgehen? Eine
methodische Herangehensweise muss in erster Linie vermeiden, den gesamten
Materialkorpus vorurteilsgestützt kreuz und quer zu besichtigen, um durch vor-
schnelles Abtasten alle potenziellen Stützen der Analyse vorab einzureißen und
logisch zu entwerten. Die Interpretation darf eben nicht alles auf einmal in den stereotypen Blick nehmen, um dann willkürlich genehme Einzelheiten herauszuhe-
ben. Die Deutung soll stattdessen sich den Details in der durch die Gegebenheiten
selbst formal vorgegebenen Reihe widmen, sie mittels künstlicher Verfremdung
sinnlogisch sezieren, das latente Muster ihrer Kombination sich abzeichnen lassen
und die diesbezüglich rekonstruierte Regel in der Folge durch eine disziplinierte
Puzzlearbeit erhärten. Im Grunde gibt es hierzu bei einem Film nur einige weni-
ge Möglichkeiten. Man kann die filmische Dramaturgie im Ganzen betrachten,
einzelne Standbilder für sich analysieren, den gesprochenen Begleittext rekonstruieren, oder man kann am Ende nach Möglichkeit alle Stränge zusammenführen.
Bei Bildern kommt die Sequenzanalyse insofern sinngemäß zur Anwendung, als
die verschiedenen Sinnebenen nacheinander von der Grobstruktur zu den Tiefen-
schichten zu erschließen sind, wobei die textförmige Beschreibung des Bildes die
sequentielle Reihenfolge festlegt. Speziellere Fragen der Bild- und Filmanalyse
müssen an dieser Stelle allerdings ausgeblendet werden, da hierzu umfangreiche-
re Erwägungen notwendig sind und allein die Darstellung von Materialbeispielen
schon recht aufwändig wäre (siehe hierzu Breckner 2010).

Der Einfachheit halber soll die Analyse hier auf die Ebene des gesprochenen
Textes beschränkt bleiben. Im Folgenden wird also allein anhand einer sequentiellen Textinterpretation des besagten Werbekurzfilms vorgeführt, wie die dem
Fußball zugeschriebene symbolische Bedeutung selbst ausgehend von einem impliziten Bezugsproblem als Lösungsszenario entfaltet wird.

„Manche sagen,"

Diese Phrase kann entweder

- erstens zur *Aufzählung verschiedener Standpunkte* hinsichtlich eines bestimmten Problems verwendet werden. („*Manche sagen*, qualitative Studien seien
  aufgrund ihres Umfangs nur schwer lesbar. *Andere wiederum* schwören auf
  den meditativen Effekt ausgedehnter Interpretationssitzungen.") Im weiteren

Fortgang wäre dann eine praktikable Auflösung des Widerspruchs zu erwarten, etwa in Form einer pluralistischen Klausel. („Jeder muss letztlich für sich selbst darüber befinden, welchen Aufgaben die eigene Zeit am besten zu widmen ist.")

- Oder sie kann zweitens zur *Anführung eines bösen Gerüchts oder einer ernstzunehmenden Minderheitenposition* benutzt werden, die zwar dem Selbstverständnis der Bezugsgruppe beziehungsweise des Redners widerspricht, gleichwohl aber als ernstzunehmender und eingehender zu erörternder Warnhinweis behandelt wird. („Manche sagen, die geistigen Voraussetzungen für ein Soziologiestudium seien erst im Alter von 25 Jahren gegeben, wenn an anderer Stelle bereits hinreichende Lebenserfahrungen gesammelt werden konnten"). Im Anschluss wäre dann eine inhaltlich vermittelnde Lösungsstrategie zu fordern. („Wenn das primäre politische Ziel des Studiums in der organisatorischen Sozialisierung perspektivloser, radikalisierungsgefährdeter Jugendlicher besteht, dann sollte immerhin das Niveau dementsprechend angeglichen werden.")
- Die dritte Verwendungsmöglichkeit besteht darin, *eine gängige Gegenposition zu zitieren*, von der man sich anschließend scharf abgrenzt („Manche sagen, qualitative Analysen würden lediglich Offensichtliches in verklausulierter Form aufbereiten. Ich aber sage euch: Wahre Forschung erfordert eine selbstkritische Hingabe an die Sache.").
- Die Möglichkeit, dass der Satzbeginn als Hauptsatz weitergeführt wird, scheidet im Grunde durch das Komma in der Transkription bereits aus. („Manche sagen soziologischer Harlekin zu mir.") Die Substantiv-Bedeutung des Wortes Sagen ist zudem durch die Kleinschreibung ausgeschlossen. („Manche Sagen der alten Germanen beruhen auf wahren Begebenheiten.") Überdies wäre im ersten Beispiel eine andere Formulierung stimmiger. („Manche nennen mich einen soziologischen Harlekin"). Bei diesen Varianten würde es sich zudem noch gar nicht wirklich um eine eigenständige Sequenz handeln.

Als Ausgangspunkt wird damit in jedem Fall ein Kontext markiert, der durch Meinungsverschiedenheiten und – als Vorbedingung dafür – durch eine Situation der kognitiven Unsicherheit charakterisiert ist, die eine Stellungnahme verlangt. *Während Lesart 1 die soziale Pluralität unterschiedlicher Positionen akzentuiert, betont Lesart 2 eher die sachliche Dimension. Lesart 3 läuft hingegen auf eine charismatisch-vergemeinschaftende Vereinnahmung hinaus, welche durch die stellvertretende Herabsetzung abweichender Auffassungen Ungläubige rhetorisch ausgrenzt.* Im gegebenen Kontext der Werbung wird man vorzugsweise diese dritte Lesart zu erwarten haben, da reflektierte sachliche Erwägungen hier ebenso ungewöhnlich sind wie der Verweis auf die Pluralität der Ansichten (wenngleich insbesondere letzteres nicht gänzlich ausgeschlossen ist, falls etwa ein Produkt in unterschiedlichen Geschmacksrichtungen angeboten wird). Welche konkrete Lesart vorliegt, wird sich indes im Weiteren je nach Fortsetzung zwingend zeigen.

Etwas allgemeiner formuliert, haben wir es mit einer inszenierten Ausgangskonstellation zu tun, die kognitive Unsicherheit erzeugt und soziale Uneinigkeit betont. Diese inszenierte Krisenkonstellation, die vermutlich auf das Thema Fußball zurückführt, muss anschließend symbolisch bewältigt werden. Insbesondere in Lesart 3 könnten der Fußball und das beworbene Produkt etwa zu einem Heilsmittel stilisiert werden, dass einen außeralltäglicher Gegensatz zu den weltlichen Übeln der konfliktträchtigen Unsicherheit bietet.

> „Fußball braucht gigantische Stadien,
> perfekten Rasen,
> High-Tech-Ausrüstung,
> Logen für die oberen Zehntausend."

Es werden verschiedene Vorrausetzungen („braucht") für „Fußball" benannt. Anstelle von konstitutiven Elementen wie Ball, Feld und Tor handelt es sich hierbei durchweg um Attribute der Überbietung („gigantisch, perfekt, High-Tech, obere Zehntausend"), die für eine instrumentelle Vernunft des Wachstums (Errichtung von „Stadien"), der Naturbeherrschung („Rasen"), des technischen Fortschritts („Ausrüstung") und der sozialen Abgrenzung („Loge") stehen. Man könnte dies etwas vorschnell bereits auch als die Ideologie des Kapitalismus oder des okzidentalen Rationalismus bezeichnen. Deutlicher wird dies noch an einer analogen Formulierung, welche die Konstruktion gedankenexperimentell in einen anderen Themenkontext überträgt: „Weihnachten braucht gigantische Christbäume, perfekte Truthähne, High-Tech-Geschenke und orthopädische Spezialsessel für die Großeltern."

   Ganz offensichtlich werden keine bedarfsorientierten Minimalbedingungen genannt. Stattdessen folgt die angeführte Position einer Logik der Sachzwänge, die das Gelingen gegenwärtiger Praktiken an die vorauseilende Vorwegnahme verbreiteter Tendenzen bindet und so jene für gesellschaftlich maßgebliche Bereiche wie Technik, Bürokratie und Ökonomie typische progressive Steigerungsdynamik in Gang setzt, welche namentlich die Signatur der Moderne zu bilden scheinen. (In der Medienöffentlichkeit hat sich hierfür das Schlagwort der Beschleunigung eingebürgert, siehe dazu insb. Rosa 2005.) Die Lesarten 1 und 2 scheiden damit aufgrund des Generalisierungsniveaus dieser impliziten Gesellschaftsdiagnose an dieser Stelle bereits aus. Weder kommt jetzt noch die sozial differenzierende Benennung alternativer Bedingungen des Gelingens in Frage. („Andere sagen, Fußball braucht Großbildschirme, optimales Wetter, Flutlicht und behindertengerechte Zugänge. In jedem Falle muss aber für ausreichende Getränke gesorgt werden.") Noch lässt sich in sachlicher Hinsicht eine gemäßigte Kompromissvariante rhetorisch sinnvoll konstruieren. („Wenngleich solche organisatorischen Erfordernisse eine professionelle Planung erfordern, bedarf es zur Kultivierung einer angemessenen Atmosphäre zudem einer lebendigen Fangemeinde. Wenn die Fans anstelle von Bier ein koffeinhaltiges Süßgetränk konsumieren, lassen sich dann bei gleichem Umsatz äquivalente Kollektivemotionen verwirklichen und zugleich die Sicherheitskosten senken.")

Zu erwarten steht stattdessen nun (im Sinne von Lesart 3) die Bezeichnung eines grundlegenden gesellschaftlichen Widerspruchs, wie er in der soziologischen Folklore durch die gegensätzlichen Begriffspaare Gemeinschaft und Gesellschaft (Tönnies 1926) oder System und Lebenswelt (Habermas 1981) modelliert wird. Dieser Widerspruch müsste dann im Fußball stellvertretend symbolisch aufgearbeitet werden. Der „Fußball" wird ja von Beginn an als Symptom des Problems gerahmt und nicht erst als Lösung präsentiert. Die akute Krisenhaftigkeit ist hier somit Bestandteil des Fußballs selbst oder reicht jedenfalls in diesen hinein wie das Böse als satanische Personifizierung in die jenseitige Idealwelt der religiösen Mythologie. Es kann damit also nicht mehr einfach nur etwa um eine ausgewogene Differenz zwischen Arbeitswelt und interaktiver Privatsphäre gehen.

> „Aber das ist nicht unser Fußball."

In der Tat folgt nun das „aber", welches nun eine *sozial* („unser") bestimmte Distanzierung markiert. Eine sachbezogene Distanzierung hätte die oben angeführten Phänomene im Stile eines Expertenurteils begrifflich wegdefinieren („Das hat nichts mit Fußball zu tun, was wir da in der ersten Halbzeit gesehen haben!") oder sie im normativen Sinne moralisch verurteilen können („Pyrotechnik gehört zu Silvester. Das hat im Fußball nichts zu suchen!").

Statt lediglich auf distinkte Phänomene (Krawalle, unfaires Verhalten, pomadiges Spiel) zu verweisen, werden die oben angeführten Erscheinungsformen von Fußball gebündelt als gesellschaftliche Entität gesetzt, die auf der gleichen logischen Ebene liegt wie „unser Fußball". Die Formulierung „das ist (nicht)" beinhaltet ja die ontologische Unterstellung der Existenz eines mit dem Negierten logisch vergleichbaren Objekts. (So bspw. beim Hinweis an die das Nachbarhaus einrüstende Baufirma: „Das ist nicht unser Haus, unser Haus steht nebenan.") Das betreffende Objekt muss dabei nicht exakt dergleichen Kategorie angehören, sondern lediglich die Gefahr der Verwechslung bestehen. (Der Gastgeber könnte bspw. nächtlichen Besuchern erläutern: „Das ist nicht unser Haus. Das ist nur der Schuppen.")

Der damit konstruierte Gegensatz zwischen dem zuerst beschriebenen Fußball der rationalistischen Sachzwänge und „unserem Fußball" ließe sich grundsätzlich zwar noch über eine Zurückweisung des korrupten, instrumental verdinglichten Fußballgeschäfts im Ganzen auflösen. („Aber das ist nicht (mehr) unser Fußball. Das ist nur noch kulturindustrieller Massenbetrug.") Der Fußball würde damit als etwas hingestellt, das im Sinne der autonomen Gestaltung einer kollektiven Lebenspraxis nicht taugt. (Bei der Diskussion über den Einbau eines Proberaums im Keller könnte etwa angeführt werden: „Aber das ist nicht unser Haus. Das Haus gehört einer schwäbischen Immobilienfirma. Wir können uns hier also nicht verwirklichen.") Im Kontext der vorausgegangenen Sequenzen kommt eine solche radikale Ablehnung des Fußballs als verderblichem, kapitalistischem Götzenkult allerdings nicht mehr in Frage. Es hätte vielmehr eine Abgrenzung von dieser anderen Seite des Fußballs über die kollektive Identifikation mit „unserem Fußball" zu erfolgen. Der Gegensatz besteht hier aber keineswegs auf der Ebene sozialer Gruppierungen, es geht also nicht um eine Differenz zwischen „eurem Fußball" und „unserem Fußball". Soziologisch generalisiert und hypothetisch formuliert geht es um die fundamentale Differenz zwischen dem gesellschaftlichen System der instrumentellen Rationalität einerseits und der symbolisch verfassten Lebenswelt andererseits. Die dem Fußball zugeschriebene symbolische Bedeutung könnte daher vor allem darin bestehen, die Sozialintegration einer solchen kollektiv geteilten Lebenswelt zu bestärken.

> „Wir glauben, beim Fußball geht es um uns alle, die, die das Spiel feiern."

Die rhetorische Funktion des „ich aber sage euch" im Sinne der oben entwickelten Lesart 3, dessen „aber" bereits in der letzten Sequenz auftauchte, wird hier nun endlich sinnlogisch durch ein „wir glauben" komplettiert. Somit wird die Krise der kognitiven Unsicherheit und sozialen Uneinigkeit nicht durch eine individuelle Sinndeutung (bspw. durch charismatische Akteure), sondern durch kollektiven Glauben gelöst.

Der Inhalt dieses Glaubens bleibt nun eigentümlich selbstbezüglich. Er betrifft keine rein sachlich festzustellende Tatsache („Wir alle wissen, beim Fußball geht es darum, mehr Tore als der Gegner zu schießen.). Statt in dieser Weise ein im Allgemeinen individuell verfolgtes *Ziel* zu benennen („Wir behaupten, beim Fußball geht es nur ums Geld."), wird eine soziale *Funktion* des Fußballs thematisiert, es geht „um uns". (In den zugehörigen theoretischen Kategorien des zweckrationalen Handelns einerseits und der strukturbezogenen Funktionalität andererseits spiegelt sich übrigens auf der logischen Ebene noch einmal der insgesamt thematisierte Gegensatz zwischen instrumenteller Rationalität und symbolischer Sinnstiftung.) Die dem Fußball zugeschriebene Symbolkraft bezieht sich folglich nicht auf das Spiel *an sich*, sondern betrifft den Kult *für sich*. Die Bezeichnung „Fußball", welcher ja bereits das gegenstandsbezogene Wort „Ball" zu einem Begriff für das ganze Spiel abstrahiert, wird damit zu einer Chiffre für eine kultische Praxis des Feierns. Der gemeinsame Glaube wäre insofern als essentiell für das Gelingen einer solchen Praxis anzusehen, da zur symbolischen Wiederaneignung der Welt eine kollektive Identifikation nötig ist.

Allerdings bleibt vorerst ein logischer Widerspruch zwischen dem inklusiven Begriff „alle" und dessen logischer Opposition der vereinzelten „manchen". Das reklamierte „Wir" blieb bisher semantisch unterbestimmt: Bezieht es sich auf eine Bezugsgruppe des Sprechers? Schließt es die Adressaten der Kommunikation mit ein? Werden Abweichler oder unbeteiligte Außenstehende hier sozialontologisch wegdefiniert?

> „Wir jubeln zusammen, hoffen zusammen, und jeder, der mitmacht, macht uns besser."

Der besagte Widerspruch wird nun aufgelöst: Der Text propagiert das Modell einer offenen Gemeinschaft, welche gleichsam alle Überläufer willkommen heißt (Dies könnte indes gleichermaßen auch für Räuberbanden und Terrorbewegungen gelten.)

Zugleich wird der Begriff des Glaubens weiter in einem religiösen Sinne spezifiziert. Es geht bei der hier vertretenen Auffassung von Fußball also nicht lediglich um unsicheres Wissen, sondern um eine rituell gestützte Welthaltung gemeinschaftlich kultivierter Emotionen und Zukunftshoffnungen. Die Feier des Fußballs vermag demnach im Sinne eines quasisakralen Rituals seine Anhänger in einer kollektiven Communitas-Erfahrung zu verbinden.

> „Denn WM, das sind wir alle!"

Die Formulierung „das sind wir alle" identifiziert ein im Vorhinein unbestimmtes Subjekt mit einem bestimmten Objekt. Ähnlich wie in singulär gehaltenen Formen der Solidarisierung („Je sui Charlie.") oder bei der Betrachtung einer Sonnenfinsternis kristallisiert sich an einem lokalen Ereignis somit ein globales Feld öffentlicher Aufmerksamkeit aus, das bereits als solches von symbolischer Bedeutung ist, seines Bezugspunktes also nur gleichsam als eines Kristallisationskernes bedarf.

Die behauptete Identität von „WM" und „wir alle" ist zwangsläufig symbolisch zu verstehen, da es sich bei ersterem um ein temporäres Medienereignis, bei letzterem um eine sich als Kollektivität („wir") identifizierende Menschenmenge handelt. Das Medienereignis gewährt nun aber in der Tat die Identität auf der anderen Seite der Gleichung „WM=alle", indem es eine Vielzahl von Einzelnen vermittels der öffentlichen Kanalisierung individueller Beobachtungen zu einem Publikum verwandelt. Die „WM" steht dann für die Gemeinschaft derer, die sich allein durch ihre Anteilnahme zur Gemeinschaft bekennen. Sie unterbreitet also ein weltweites Angebot zur symbolischen Vergemeinschaftung.

Zugleich verkörpert allerdings gerade die „WM" ja jenen Fußball der gigantischen Baumaßnahmen und der professionellen Perfektion, der im ersten Teil des Textes benannt wurde. Somit kann Fußball nicht einfach als ein innerweltlicher Gegenpol begriffen werden, der für die vergemeinschaftende Reintegration der Welt zuständig ist. Die diesbezüglichen Ideale werden ganz offensichtlich gebrochen durch Muster des Konkurrenzkampfes, der Kommerzialisierung oder auch der Expertokratie. Das Fußballgeschäft spiegelt die Welt ja in vielerlei Facetten. Erfolgsdruck, Menschenhandel, Korruption, Egomanie, Rassismus – um nur einiges zu nennen – färben nicht nur gleichsam auf die Fußballkultur ein klein wenig ab, vielmehr kommen sie dort bekanntlich in grotesk übersteigertem Maße zum Vorschein. Der Fußball veranschaulicht dabei augenscheinlich nicht nur die gesellschaftliche Lage, er vermittelt selbst aktiv die zugehörigen Grundhaltungen und Deutungsmuster. Die betreffenden Mythen um Erfolg und Eliten, Fairness und Korrektheit, Disziplin und Planbarkeit müssen daher selbst als Teil der symbolischen Bedeutung des Fußballs verstanden werden.

Im Clip werden die hieraus resultierenden Spannungsverhältnisse freilich aufgelöst durch die suggestive Idee des lebensweltlich-authentischen Brause-Konsums, die vorgeblich im Gegensatz steht zur kapitalistischen, zweckrationalen, wachstumsorientierten, ausgrenzenden Logik des Systems. (Das im Einleitungskapitel angeführte Beispiel des Gartenzwergs hatte das Symbolische bereits in einem ganz ähnlichen Sinne als Gegenpart zur modernen Rationalität eingeführt, und auch hier kann ja der Gartenzwerg schnell selbst zum bloßen Kitschprodukt eines billigen Massenkonsums werden, das als herziges Ornament eines privatistischen Familienegoismus noch zur symbolischen Legitimation der vorherrschenden Verhältnisse nachhaltig beiträgt.)

Unter den möglichen Ansatzpunkten für weitergehende Analysen legt die Fokussierung des Werbefilms auf den Aspekt der globalen Vergemeinschaftung vor allem folgende Anschlussfrage nahe: Bei einer Weltmeisterschaft handelt es sich im Unterschied zu einem Kirchentag oder einem Musikfestival dem Wesen nach um ein Kampfspiel, das einen sportlichen Wettbewerb zwischen Nationen kultiviert, wobei die verschiedenen Nationalmannschaften sich aus Spielern zusammensetzen, die in ihren Stammvereinen in anderen Konstellationen gegeneinander beziehungsweise zusammen spielen. Es mag zudem Interessenkonflikte zwischen Spielergruppen oder zwischen Trainerstab, Funktionären und Medien geben. Seitens der Zuschauer bestehen ähnlich widersprüchliche Loyalitäten. Im Weiteren wäre daher insbesondere zu verfolgen, auf welche Weise im Kontext Fußball das Verhältnis zwischen partiellen Gruppenidentitäten symbolisch modelliert und wie Widersprüche zwischen Gemeinschaftlichkeit und konkurrierenden Werten bewältigt werden.

7.4   Das Prinzip des Kodierens

Um den symbolischen Umgang mit Problemen der Vergemeinschaftung und der Rivalität zwischen unterschiedlichen Wir-Identitäten weiter zu verfolgen, wären nun nach Möglichkeit größere Materialmengen zu sichten und ein breiteres Spektrum an Quellen heranzuziehen. Hierzu bietet sich anstelle der Sequenzanalyse die etwas weiträumiger ausgreifende Strategie des Kodierens an.

Allein anhand der Kategorie des „Wir", die ja oben unmittelbar aus dem Material selbst gewonnen wurde, lässt sich verdeutlichen, wie die impliziten symbolischen Codes sozialer Praktiken sich gezielt erschließen lassen. So erweist es sich in folgendem weiteren textförmigen Materialbeispiel eine einfache Markierung sämtlicher mutmaßlicher Wir-Codes als hilfreich. Es handelt sich um ein Interview des Fernsehjournalisten Gerhard Delling mit einem prominenten Berufsfußballer.

"Bei uns ist Philipp Lahm, der Kapitän der deutschen Nationalmannschaft. Durchatmen?"

"Njoah. Anstrengende neunzig Minuten"

"Warum ist das Spiel so anders gelaufen als (..) man sich das vorgestellt hat und als **das Spiel** gegen Portugal? Wieso die **Räume so weit**, war das auch ein Teil des Wetters hier?"

"Ne, das Wetter darf keine Ausrede sein. Wir waren nicht so **aggressiv** von Anfang an, und dann wie Sie richtig gesagt haben, die **Räume nicht so eng** gemacht ..."

... "Ja, dann hoffen wir auf das **Endspiel, gegen** USA."

"Wir auch!"

Im Transkript ist der „Wir"-Code durch Unterstreichungen markiert, wobei der Begriff Nationalmannschaft eine doppelte Wir-Kategorie beinhaltet, nämlich

Nation und Mannschaft. Zusätzlich legt der Text die Bildung eines weiteren, zunächst provisorischen *Codes „Aggression-Dominanz-Eroberung"* nahe, der gefettet wurde.

Es zeigt sich zunächst, dass im Kontext der Weltmeisterschaft neben der Menschheit insgesamt („WM, das sind wir alle.) in der Tat verschiedene Kollektivitäten relevant werden, etwa Nation, Medien und Mannschaft. Von besonderem Interesse sind aber nun diverse Abgrenzungen und Überblendungen, wie sie allein in dem kurzen Dialog deutlich hervortreten.

Gleich zu Beginn wird durch die plurale Formulierung („bei uns" anstelle von „bei mir") eine gastgebende Instanz als Kollektividentität eingeführt, von der die interviewte Person als Gast folglich logisch ausgeschlossen wird. Diese wird stattdessen als Repräsentant einer anderen Kollektivinstanz angesprochen („Kapitän der deutschen Nationalmannschaft"), wobei diese durch das Attribut „deutsch" wiederum aus der Menge aller Nationalmannschaften herausgehoben und von diesen damit abgegrenzt wird.

Der Journalist könnte nun seinerseits im Namen der Fernsehnation sprechen. Die Öffentlichkeit als grammatisches Subjekt einer allgemeinen Erwartungshaltung („sich das vorgestellt") wird aber stattdessen durch ein „man" statt durch ein „wir" vertreten. Hierdurch markiert der Sportjournalist eine objektivierende Distanz zur öffentlichen Meinung, die er lediglich zu zitieren vorgibt (Analog zur Bild-Schlagzeile: „Wer streut diese bösen Gerüchte?" vom 7.1.2003, S. 2).

Das durch den Satz „Dann hoffen wir auf das Endspiel" implizit unterbreitete Angebot eines großen integrativen Wir aus Medien, Fans und Mannschaft wird denn auch von Lahm nicht angenommen, der dem unbestimmten Wir des Journalisten ein anderes Wir der Mannschaft entgegengesetzt („wir auch"). Dies kann unter anderem als Hinweis auf die latenten Konflikte zwischen Medien und Sport verstanden werden, wie sie etwa im berühmten Wutausbruch des ehemaligen Bundestrainers Rudi Völler während des Gesprächs mit dem Sportmoderator Waldemar Hartmann zum Ausdruck kamen.

Während der Wir-Sinn auf der einen Seite in einem globalen Menschheits-Wir aufgehen mag, suchen Wir-Identitäten sich auf der anderen Seite unter allen Umständen ("Wetter") angriffslustig aneinander zu wetzen, um scharfe Konturen zu erringen. Dies zeigt sich hier in der stetigen Präsenz eines auf Dominanz, Aggression und Eroberung hindeutenden Codes *(„Spiel gegen", „Räume nicht so eng", "Endspiel")*.

Im Zuge der flächendeckenden Sichtung weiteren Materials wäre ganz in diesem Sinne selektiv auf weitere Variationen und Pendants des „Wir"-Codes zu achten, wobei etwa auch Konflikte oder Allianzen zwischen Starkult und Teamgeist, Leitwölfen und Truppenmoral, Erfolgsideologie und Feieratmosphäre in den Blick zu nehmen sind. Auf diese Weise lassen sich vor allem auch visuelle Symboliken erfassen: von einschwörenden Spielerkreisen und Jubeltrauben über Maskottchen, fanseitig dargebotene Choreographien, Vereinslogos und Trophäen bis hin zur heiligen Brisanz von Derbys, zu Beleidigungsritualen gegenüber Schiedsrichtern und Gegnern („Zieht den Bayern die Lederhosen aus") und zur überheblichen Verkündigung von nahezu aussichtslosen utopischen Endsiegfantasien („Wir fahren nach Berlin"). Aus den logischen Beziehungen zwischen den anhand der Codes gewonnen Kategorien leitet sich dann unmittelbar ein begriffliches Rankgitter zur weiteren Theoriebildung ab.

7.5 Das Prinzip der Kontrastierung

Um eine systematische Vorgehensweise bei der Erschließung des Materials zu gewährleisten, empfiehlt sich eine kontrastierende Strategie. Die rekonstruierten Muster gilt es anhand vergleichbaren Datenmaterials zu erhärten und durch Gegenüberstellung konträrer Tatbestände auf Verallgemeinerbarkeit und Generalisierungsreichweite zu prüfen.

Bereits die Auswahl des zuletzt präsentierten Interviews folgt einer solchen Logik. Während aus den oben genannten Gründen zur Erschließung der symbolischen Bedeutung des Fußballs ein Werbeclip als Ausgangspunkt der Analyse gewählt wurde, der dem Fußball seine Bedeutung gewissermaßen *von außen* zuschreibt, sollte im Anschluss auf die Gegenseite der feldeigenen Sprache und Sinnzuschreibungen, also der *„systeminternen" Kommunikation* gewechselt werden. (Natürlich wäre zuvor noch eine vergleichende Betrachtung weiterer Werbeclips möglich. Dies wäre dann eine Anwendung der Technik minimaler Kontrastierung.) Spontane Äußerungen beteiligter Akteure bilden also der Textgattung nach einen maximalen Kontrast zu den stereotypen Darstellungen der Werbewelt. Um auf pragmatische Weise handhabbares Textmaterial für die nächste anstehende Interpretationssitzung des erwähnten Seminars zu gewinnen, wurde dieser Logik folgend auf die Mediathek der ARD zugegriffen und ohne weiteres Ansehen des Inhalts der zum damaligen Zeitpunkt aktuellste Interview-Beitrag ausgewählt.

Im nächsten Schritt könnte man dann in Bezug auf die jeweils gegebenen Situationen weitergehend kontrastieren. So wäre der formale Gegensatz zwischen einer argumentativ-reflexiven Kommunikation über das Spiel, wie sie für eine Interviewsituation charakteristisch ist, und dem faktischen Geschehen während des Spiels selbst zu berücksichtigen. Die „live" sich vollziehende Spielpraxis kann dann wiederum entweder vermittels ihres Kommentars durch einen Reporter (also

aus der Perspektive der Medien) oder unmittelbar durch den Blick auf das Spielfeld erfasst werden.

Letzteres beinhaltet unter anderem die Konzentration auf besondere, im symbolanalytischen Sinne kritische Spielsituationen, die eine umfassende symbolische
Auszeichnung der Lage erfordern (inklusive Weltdeutung, Markierung des Status
individueller Personen, Bekräftigung sozialer Beziehungen usw.). Neben einer ver-
gleichenden Analyse der meist recht aufwändigen Eröffnungs- und Verabschie-
dungszeremonien kommt in diesem Zusammenhang insbesondere auch eine Symbolanalyse des Post-Tor-Momentes in Betracht. Im Anschluss an das Fallen eines
Tores ist der Spielfluss nicht nur vorübergehend unterbrochen, wie bei einem Foul
oder während der Halbzeitpause. Vielmehr zieht das Tor einen Schwellenzustand
nach sich, da die Änderung des Spielstandes eine Transformation der gesamten
Lage nach sich zieht. Auf die strukturelle Analogie des Torjubels mit einem Passa-
ge-Ritual im Sinne van Genneps war daher bereits hingewiesen worden.

Die symbolanalytische Gegenüberstellung unterschiedlicher Jubelposen, in denen spezifische Besonderheiten wie strukturelle Gemeinsamkeiten sich im Zuge
einer übergreifenden Typenbildung herausarbeiten ließen, mag als anschaulicher
Paradefall des Kontrastierens gelten. Während die unterschiedlichen Typen des
Jubels innerhalb des Bezugsrahmens einen maximalen Kontrast ergeben, bilden
die einzelnen Umsetzungen der gleichen Jubelpose (durch denselben sowie durch
verschiedene Tor-Schützen) minimale Kontraste.

Im Laufe umfassender Studien wäre somit je nach Fragestellung und Anspruch
ein ganzes System von solchen Kontrasten systematisch auszubauen. Die logische
Konsequenz einer solchen Vorgehensweise für den Forschungsprozess ist eine
kontrollierte Verschiebung des empirischen Fokus.

Beispiel

Die Frage danach, wie im Kontext formal organisierter öffentlicher Veranstaltungen Koordinationskrisen durch symbolische Vergemeinschaftung und
Statusmarkierungen bewältigt werden, mag die Analyse beispielsweise ausgehend von konzerteröffnenden Bandansagen („Was geht ab, Ulm?") später
zu Parteitagsansprachen und Plenarvorträgen führen. (Wie wird jeweils das
Publikum adressiert? Wie wird die beanspruchte Führungs- oder Experten-
rolle untermauert, zum Bsp. durch eine animierende Anmoderation? Die Analyse kann sich hierzu aber ebenso auf das Feld der Kunst beschränken, um
als kontrastierende Kollektivereignisse die Konzerte unbekannter Bands den-
jenigen von Superstars gegenüberzustellen oder auf den Kontrast von Rock-

musik und Klassik zurückzugreifen. (Der Star Frank Zappa kommt in einem
Konzertvideo beispielsweise einfach auf die Bühne, winkt kurz, spielt ein Solo
von gefühlten 30 min, sagt dann schlicht: „Hallo", und spielt unvermittelt das
nächste Lied.)

Über multiple Kontrastierungen lassen sich aber auch höhere Fallniveaus beziehungsweise größere soziale Gegenstände in den Griff bekommen.

Beispiel

Wie man hierbei vorgehen kann, zeigt eine Studie, die sich auf kulturell vermittelte Wertvorstellungen und gesellschaftliche Leitorientierung in Ost- und
Westdeutschland am Beispiel bürgerschaftlichen Engagements konzentrierte.

Auf einer *ersten Kontrastierungsebene* konzentrierte sich die Studie zunächst
auf eine Gegenüberstellung von bürgerschaftlich Engagierten und Nicht-En-
gagierten (Corsten u.a. 2007). Um Motive und Beweggründe für ein gesell-
schaftliches Engagement zu identifizieren, ist schließlich herauszufinden, was
letztlich den Unterschied machen kann.

Da bürgerschaftliches Engagement selbst wiederum ganz unterschiedliche Formen annimmt, wurden dabei auf einer *zweiten Kontrastierungsebene* zudem
vier kontrastierender Felder des Engagements entlang der Unterscheidungen
staatsnah/staatsfern und konservativ/progressiv untersucht: Schöffenamt, sozi-
okulturelle Zentren, Heimatpflege und Flüchtlingshilfe.

Zur Auswertung des umfangreichen Fundus an narrativen Interviews stützte
sich die letzte Projektphase dann auf einer *dritten Kontrastierungsebene* auf
einen Vergleich zwischen Ost- und Westdeutschland (Beetz u.a. 2014).

Im Zuge von paarweisen Fallkontrasten konnte dabei durch eine Fokussierung
einander entsprechender Passagen die Fülle des Materials auf eine *vierte Kontrastierungsebene* heruntergebrochen werden, welche dieses schließlich der
Interpretation zugänglich machte. Hierzu ein Auszug aus der Forschungsarbeit:
„Das Datenmaterial des Projekts besteht insbesondere aus narrativen Interviews, die neben einem biographischen Teil umfangreiche Passagen zu Inhalten
und Beweggründen der betreffenden Engagement-Tätigkeiten beinhalten. Wie
aber lassen sich nun aus der entsprechend großen Fülle von Textmaterial die

zugrundeliegenden mentalen Muster herausdestillieren? Wie gewinnt man die nötige wissenschaftliche Distanz, um die selbstverständlichsten Eigenheiten unseres Weltbildes gewissermaßen aus der verfremdenden Perspektive eines ethnologischen Blicks betrachten zu können? Um die Komplexität des Ganzen methodisch kontrolliert zu reduzieren, bot sich eine Strategie der minimalen Kontrastierung an. Hierzu wurden jeweils zwei Fälle einander gegenübergestellt, die sich in wesentlichen Eigenschaften gleichen, in einer für unser Forschungsinteresse wesentlichen Hinsicht aber differieren. Innerhalb dieser paarweisen Fallvergleiche ließ sich nochmals Komplexität reduzieren, indem jeweils nur äquivalente Passagen aus den Interviews miteinander kontrastiert wurden, zum Beispiel die Antworten auf die gleiche Interviewfrage aus dem verwendeten Leitfaden. [...] Als eine mutmaßlich aufschlussreiche Kontrastierungsdimension konzentrierte das Projekt sich nun primär auf einen Vergleich zwischen Ost- und Westdeutschland, da hiervon in besonderem Maße signifikante Differenzen im Hinblick auf kulturell induzierte Mentalitäten zu erhoffen war. Die deutsche Sondersituation eines nach 40 Jahren Teilung wiedervereinten Landes bietet der Sozialforschung schließlich die einmalige Möglichkeit, die persistenten Spuren vormals hochgradig divergierender Lebenswelten zu analysieren. Konkret bedeutet dies, dass durchweg immer ein ostdeutscher und ein westdeutscher Fall zu betrachten war, die sich im gleichen Feld engagieren, ein ähnliches Alter und auch sonst möglichst vergleichbare Parameter aufweisen." (Beetz 2014a, S. 1f.)

Weil ein Kontrast hier mit der Differenzierung ostdeutscher und westdeutscher Orientierungen ohnehin bereits in die Fragestellung Eingang gefunden hatte, konnte sich auch die Interpretationspraxis beim Erschließen des Materials an dieser vermuteten Differenz orientieren. Das folgende einzelne Materialbeispiel aus der besagten Studie verdeutlicht, wie diese Vorgehensweise die Interpretation vereinfacht, da im Kontrast die Besonderheiten erstaunlich deutlich hervorstechen. Die hier angeführten Kontrastfälle engagieren sich im Bereich von Eine-Welt-Initiativen. Betrachtet werden die beiden Passagen, in denen jeweils auf die Frage nach den Wirkungsabsichten des eigenen Engagements eingegangen wird.

Carsten Rode (West)	Steffen Inglehart (Ost)
Diese Idee fand ich großartig und die wollte ich unterstützen, [...] und da wollte ich das praktisch in Angriff nehmen und hab gedacht: Ich setze an in der Kirche, in den Gemeinden. Da müsste man doch am ehesten Leute finden, die das auch akzeptieren und die auch sehen: Wenn ich jetzt also fair sein will zu anderen, da muss ich eben auch nen paar Mark mehr bezahlen. [...] Ich kann die Gesellschaft schwer umkrempeln [...] Aber wenigstens möchte ich doch sozusagen ja nen Beispiel setzen, indem wer das wenigstens mit diesen Eine-Welt-Sachen machen.	Also zum einen war' s [...] diese Möglichkeit [...] konkret helfen zu können, obwohl das natürlich [...] nur nen Tropfen auf'n heißen Stein is . [...] Und dieses Päckchen packen war ja wirklich mit eigenen Händen [...] also auch was sehr Reizvolles [...] buchstäblich was anpacken. Und zum anderen war's [...] so was wie Weltveränderung, um ma nen ganz großes Wort da heranzuziehen [...] Hätte ja jeder sagen können, in Afrika is es wesentlich schlimmer [...] aber es geht halt nich danach wem's jetzt am schlimmsten geht, sondern es geht auch danach so symbolische Dinge zu tun. Un Nicaragua war ja damals nen Symbol [...] nen Gesellschaftsmodell, was man so als dritten Weg bezeichnen würde. [...] das war [...] sehr reizvoll für mich [...], weil ich mich natürlich mit der DDR befasst habe, auch ziemlich viel wusste aus'm Westen [...] und mir halt irgendwie klar war, es geht weder so noch so. Und da war [...] da is noch ne Hoffnung zu verschwenden.

Abbildung 7.1   Symbolisches Wirkungsszenario (eigene Darstellung)

Die Methode liefert uns gleichsam zwei übersichtliche Ausschnitte des Datenmaterials, die sich wechselseitig einen inhärenten Maßstab liefern. Wie sich zeigt, lassen sich auf einer *fünften Kontrastierungsebene* noch innerhalb der kontrastierten Interviewpassagen sich einzelne Sequenzen paarweise kontrastiv einander zuordnen.

Beispiel

Interpretieren lassen sich die kontrastiven Äußerungen dann folgendermaßen: „In einem Engagement-Feld, das die globale Situation in den Blick nimmt, ist eine solche Betonung der symbolischen Bedeutung des Engagements kaum überraschend, da die Gesellschaft als Ganze schließlich kaum zu verändern ist (orange). Deswegen stellt sich hier im Übrigen auch überhaupt nicht die Frage,

welche dieser Haltungen realistischer, effektiver und den bestehenden Verhältnissen angemessener sein könnte. Es geht eher um gesellschaftliche Teilhabe
in einem geradezu idealistischen Sinne (blau), wobei für Rode die Idee einer
gemeinsam vorgelebten Fairness im Mittelpunkt steht, während Inglehart ein
alternatives Gesellschaftsmodell des „dritten Weges" im Sinn hat (violett), das
im Zuge des Engagements gleichsam zu einer praktisch gelebten Utopie wird.
Die Symbolik besteht folglich im ersten Fall darin, als Christ Stellung zu beziehen, indem man im Unterschied zur kapitalistischen Konsumentenmasse
demonstrativ fair konsumiert. Im zweiten Fall ist das Engagement dagegen vor
allem für Inglehart selbst ein Symbol, nämlich eines der individuellen Integrität." (Beetz 2014a, S. 5f.)

Das Materialbeispiel sollte überdies hinreichend verdeutlichen, dass die Symbolanalyse sich durchaus auch auf gesellschaftliche Grundhaltungen beziehen kann,
die sich in symbolischen Praktiken manifestieren. Die rekonstruierten Haltungen
können dann als allgemeiner Typus aufgefasst und so durch Abstraktion von den
einzelnen Akteuren gelöst werden. Der untersuchte „Fall" ist hier also keineswegs
mit den interviewten Personen gleichzusetzen, wenngleich er am Einzelfall gewonnen wurde.

    Da die Interpretation von Kurzpassagen wie der oben angegebenen gewöhnlich
selbst wieder auf die Prinzipien der Sequenzanalyse und des Kodierens zurück-
greift, veranschaulicht die angeführte Studie auch, wie Sequenzanalyse, Kodieren
und Kontrastierung im Forschungsprozess verzahnt werden können.

    Wenn wir uns abschließend überlegen, worin die grundlegenden Probleme der
Materialauswertung liegen, dann können wir im Rückgriff auf unsere vorangegan-
gene Diskussion festhalten, dass einerseits die Vielfalt empirischer Erscheinungen
und ihrer inneren Differenzierungen gebündelt werden sollen und diese erst in dieser verdichteten Form der soziologischen Reflexion zugänglich gemacht werden
können. Die Herausforderung liegt also darin, möglichst neue Perspektiven und
Erkenntnisse aus dem Material zu bergen, gleichzeitig aber zu einer anschlussfähigen sozialwissenschaftlichen Reflexion der Ergebnisse beizutragen. Die Reduktion der Komplexität als Kernoperation der Materialauswertung steht daher immer
vor einem doppelten Problem. Einerseits nicht zu reduktionistisch vorzugehen,
damit die Besonderheiten der Praxis keineswegs analysebedingt verloren gehen.
Andererseits die Vielschichtigkeit auf ein analytisches Maß zu heben, um auch
der Kritik ausfernder und willkürlicher Interpretationen entgegenzutreten. Wenn
also das vordringliche Problem der Analysen darin zu suchen ist, der materialen
Komplexität der Praxis methodisch Einhalt zu gebieten, dann lassen sich die hier
anvisierten Auswertungsschritte als sukzessive Komplexitätsreduktion verstehen.

Um diese Komplexitätsreduktion angemessen zu prozessieren, konzentriert sich die Symbolanalyse auf drei analytische Kernoperationen. Mit der Sequenzanalyse geht es zu Beginn der Forschung darum, sich möglichst authentisch der Praxis anzuschmiegen, dabei neue Deutungen zu gewinnen sowie alte Denkmuster aufzubrechen und diese dem weiteren Forschungsprozess hypothetisch zur Verfügung zu stellen. Die Aufgabe des Kodierens besteht anschließend darin, von der konkreten empirischen Praxis zu abstrahieren und weiteres Material entlang der bereits gebildeten Konzepte und Hypothesen in den Forschungsprozess zu integrieren. Zu dieser Verdichtung tritt im letzten Schritt die Kontrastierung, die die Frage beantworten soll, welche Reichweite die Befunde und Hypothesen haben. Unter dem Aspekt des Vergleichs werden die Geltungsbereiche der empirischen Erkenntnisse festgelegt und geprüft. Siehe überblicksartig dazu Abbildung 7.2.

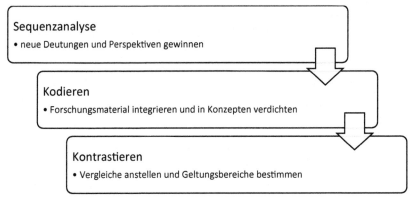

Abbildung 7.2 Schrittfolge der Datenauswertung und Zielstellung (eigene Darstellung)

7.6 Literaturempfehlung: Grundlegende Analyseschritte in der Symbolforschung

Für eine exemplarische Sequenzanalyse empfehlen wir einen Text von Oevermann (2003), der anhand einer Gedichtinterpretation von Baudelaires „Einer Vorübergehenden" die Struktureigenschaften künstlerischen Handelns rekonstruiert. Nicht nur wird dabei die Praxis sequenzanalytischer Interpretationen plastisch vor Augen geführt, sondern auch die Generalisierungsfähigkeit interpretativ gewonnener Hypothesen hervorgehoben. Darüber hinaus verweist die

Gedichtinterpretation immer schon auf ihre textförmig eingeschlossenen symbolischen Gehalte, womit eine Nähe zwischen Sequenzanalysen und Symbolanalysen hergestellt wird.

Zum Problem des Kodierens verweisen wir auf Strauss (1998) und seine konzeptionellen Vorschläge zur Systematisierung und Inventarisierung „natürlicher", also in der Praxis vorfindlicher Kodes. Nicht nur soll die Sprache des Feldes in den gebildeten Kodes angemessen aufgefangen werden, sondern sie sollen darüber hinaus den Ausgangspunkt für weitreichendere Konzepte bilden. Insgesamt kommt es dabei zu einer gegenläufigen Bewegung, bei der theoretische Konzepte in die Empirie hineingearbeitet, aber ebenso empirische Konzepte aus dem Feld herausgearbeitet werden.

Für den Schritt der Kontrastierung empfehlen wir einen Text von Hughes (1984), der die Bandbreite von empirischen Phänomenen im Rahmen eines Berufsvergleichs in den Blick nimmt. Um sich den Eigenarten unterschiedlicher Berufswelten zu nähern stellt Hughes teilweise abstruse Quervergleiche an, die in der Frage kulminieren „how is a priest like a prostitute?". Mit solchen weithergeholten Vergleichen lassen sich nicht nur die Reichweite empirischer Befunde näher bestimmen, sondern auch die Eigenheiten der je konkreten analysierten Praxis angemessen würdigen.

Oevermann, Ulrich (2004b): Struktureigenschaften künstlerisches Handelns exemplifiziert an Baudelaires Sonnett „A une passante", in: Fischer, Joachim, Joas, Hans (Hrsg.), Kunst, Macht und Institution. Studien zur philosophischen Anthropologie, Soziologischen Theorie und Kultursoziologie der Moderne, Frankfurt/M. und New York, S. 459-477.
Strauss, Anselm L. (1998): Grundlagen qualitativer Sozialforschung, 2. Auflage, München (Kapitel 3).
Hughes, Everett C. (1984): Mistakes at work, in: ders., The Sociological Eye. Selected Papers, New Brunswick und London, S. 316-325.

Zum Problem der Theoriebildung 8

Generalisierung, Befundsicherung, Deutungsangebote

Zusammenfassung

Dieses Kapitel befasst sich mit Fragen der abschließenden Theoriebildung. Zunächst geht es um die jeder Interpretation bereits inhärente Logik der Generalisierung, von der eine weiterführende Deutung der gewonnenen Befunde zu unterscheiden ist. Es folgt ein übergreifendes Resümee der behandelten methodischen Probleme und der darauf reagierenden methodischen Strategien. Hierbei wird noch einmal das praktische Zusammenspiel von angewandter Symbolanalyse und soziologischer Grundlagenforschung herausgestellt.

8.1 Das Spannungsfeld empirischer und theoretischer Anschlüsse

Während die Phase der Materialauswertung auf die Generierung von Kategorien und Hypothesen zielt, so beinhaltet die Phase der Theoriebildung deren Übersetzung in wissenschaftlich praktikable Begriffe sowie den Aufschluss sinnvoller Folgefragen. Konzentriert die hermeneutische Interpretation sich vorerst auf die akkurate Rekonstruktion von Sinnstrukturen und symbolischen Mustern, so erwächst das Problem der abschließenden Theoriebildung aus der Aufgabe einer projektextern anschlussfähigen Ausdeutung der Befunde. Im Zuge einer theoretischen Generalisierung sollten sich die Ergebnisse nun endgültig aus ihrer konkreten empirischen Grundlage herauslösen lassen, um diese geistig von ihrer projektinternen materialen Basis abzukoppeln.

8.2　Abstraktionsbedingte Generalisierung

Das Forschungsinteresse der Symbolanalyse richtet sich per se auf eine grundlegende Problematik, die von der situativen Krise einer je konkreten Gegenwart wissenschaftlich abstrahiert. Ein erster Zug zur Generalisierung ist daher bereits in der Fragestellung angelegt, die ja in allgemeinen soziologischen Begriffen ein strukturelles Problem in den Blick nimmt, ob dieses nun die Strukturierung zwischenmenschlicher Beziehungen, ob es die Aushandlung von Rollenzuschreibungen, Zugehörigkeiten und kollektiven Identitäten betrifft, oder ob es um unbewusste Orientierungen und kulturell etablierte Schemata der intersubjektiven Weltdeutung geht (vgl. Kapitel 5).

Die Bewährung symbolischer Praktiken, die aus der Forschungsperspektive gesehen auf dieses (theoretisch definierte) Problem antworten, kann dann freilich nur anhand eines empirischen Fokus verfolgt werden, innerhalb dessen die betreffende Krise auf exemplarische Weise Bewältigung erfährt. Die empirische Analyse offenbart somit stets nur mögliche Lösungen. Sie erschließt im Besonderen die komplexe Vielschichtigkeit struktureller Arrangements, wie sie die Lebenspraxis allenthalben spontan realisiert.

Allerdings gibt es nie eine unendliche Bandbreite an Optionen. Die scheinbare Vielfalt praktischer Möglichkeiten schmilzt im Lichte wissenschaftlicher Abstraktion sofort auf ein überschaubares Spektrum zusammen. Die Unterstellung von Limitationalität, also der Begrenzung von Interpretationsspielräumen und empirischen Komplexität, gehört jedenfalls zu den Grundprinzipen jeglicher Wissenschaft (Luhmann 1990, S. 392ff.). Im Auge der Soziologie erscheint die soziale Welt daher eintöniger und homogener, als man gemeinhin meint. Was auf den ersten Blick als originelle Besonderheit erscheinen mag, das erweist sich bei genauerer Prüfung schnell als gewöhnlicher Standard eines bestimmten Milieus oder auch als bloße Findigkeit für eine bereits durch die Situation vorgegebene Handlungsoption, zu der es allenfalls zwei oder drei etwas einfachere Alternativen gegeben hätte.

Beispiel

Eine krisenhafte Situation kollektiver Praxis lässt sich bspw. grundsätzlich immer durch einen treffenden Witz spontan deeskalieren, sofern dieser tatsächlich unerwartet erfolgt. Die symbolische Transformation der Lage basiert freilich auf dem hiermit verbundenen Überraschungsmoment. Eine Seminarteilnehmerin, welche Formen einer symbolischen Vergemeinschaftung von Reisegruppen zu beobachten versuchte, berichtet diesbezüglich von einer kritischen Situation des Wartens an der Fernbusstation aufgrund einer erheblichen Verspätung, die der eintreffende Busfahrer durch einen gelingenden Scherz entschärfte. Da die Reisenden sich in dieser Lage gegen das Busunternehmen verschwören könnten, droht in der beschriebenen Situation vor allem der Fahrer zur Zielscheibe kollektiven Unmuts zu werden. Er bleibt einerseits zur Loyalität gegenüber der Organisation verpflichtet, nimmt als anwesendes Begleitpersonal aber andererseits an der Gruppeninteraktion teil, steht also gleichsam zwischen den Fronten eines akuten Konflikts. Zur Deeskalation bleibt Humor hier womöglich gegenüber höflicher Sachlichkeit die bessere Wahl. Worin der Scherz genau bestand, ist leider nicht überliefert.

Umso mehr kann im Übrigen eine solche Rekonstruktion dann gegebenenfalls die Genialität der Praxis im Hinblick auf das Finden unwahrscheinlicher und komplex verschlungener Auswege in eine offene Zukunft würdigen. Falls es sich also bei der beobachteten symbolischen Form nicht um ein verbreitetes Modell handeln sollte, dann hat man immerhin ein seltenes Kleinod aufgespürt. Aber selbst dann zeichnen sich vor dem Hintergrund des Außergewöhnlichen ja im Kontrast immer die Silhouetten der Normalität ab.

8.3 Die Verallgemeinerbarkeit als Frage der Auslegung gesicherterB efunde

Um die Aussagekraft einer Studie auszuweisen, gilt es indes über solche abstraktionsbedingten Generalisierungen hinaus den Grad der Allgemeingültigkeit der entdeckten Muster genauer zu beurteilen. Dies ist zum Teil zwar auch das Thema anschließender Debatten und damit Gegenstand der Rezeption, es bedarf aber dazu grundsätzlich einer vorbereitenden Stellungnahme, schließlich sind die allgemeine Ignoranz und das öffentliche Unverständnis auch im akademischen Bereich kaum zu unterschätzen. Zu diesem Zweck sollte es möglich sein, die Befunde weitergehend auszudeuten, ohne dass dies noch vollends durch die empirischen Analysen selbst gedeckt wäre. Allerdings muss hierbei folglich dann strikt differenziert werden zwischen dem, was man durch die Studie weiß, und dem, was darüber hinaus nun in Frage steht. Um die Ergebnisse für weitergehende Erörterungen bezüglich ihrer Validität zu präparieren, ist daher eine explizite Befundsicherung angesagt, im Zuge derer noch einmal kritisch rekapituliert wird, was genau durch die vollzogene Analyse zweifelsfrei herausgefunden wurde.

Die Spielräume beginnen dann bereits bei der Bewertung des repräsentativen Status von Symbolanalysen. Für welches Allgemeine steht das konkret erfasste Einzelne eigentlich? Welche soziale Einheit wird hier strukturell erfasst? Meist erfolgt eine erste Weichenstellung bezüglich der Einordnung der Ergebnisse bereits als Bestandteil der methodologischen Prämissen. So legt die Ethnomethodologie sich weitgehend im Voraus darauf fest, die rekonstruierten Formate als formal strukturierte Gesprächsgattungen zu begreifen. Die Objektive Hermeneutik hingegen verankert durch die postulierte zukunftsoffene Autonomie die potenzielle Transformation der Fallstruktur als Normalerwartung.

Eine weitergehende Eingrenzung ergibt sich selbstverständlich aus der Definition der Fragestellung, die ja eine möglichst präzise Fallbestimmung beinhalten sollte. So oder so führt gleichwohl an einer abschließenden Reflexion kein Weg vorbei. Letztlich dürfen ja selbst methodologische Grundprämissen als forschungsbewährte Kategorien gelten, die sich in der wissenschaftlichen Praxis als taugliche Konzepte herauskristallisiert haben und zu diesem Zweck zugleich immer wieder neu zu justieren sind. Gerade im Zeichen eines methodologischen Pantheismus wirft jede Symbolanalyse neues Licht auf die Problematik sozialtheoretischer Vorannahmen.

Beispiel

Am Beispiel der erwähnten Studie zu gesellschaftlichen Grundhaltungen lässt sich dies illustrieren: Mittels einzelfallbezogener innerdeutscher Ost/West-Kontraste wurde hier, wie bereits angedeutet, narrative Interviews mit bürgerschaftlich Engagierten analysiert. Dieses Engagement beinhaltet insbesondere symbolische Praktiken, die explizit auch als solche verstanden werden. Aber jegliche Form bürgerschaftlichen Engagement stellt im Kontext eines narrativen Interviews per se eine symbolische Aktivität dar, anhand derer unter anderem zum Ausdruck kommt, in was für einer Welt die betreffenden Akteure jeweils leben, in welcher Wirklichkeitskonstruktion sie also ihren Lebenssinn verwirklichen. Als Ergebnis der Studie wurde nun ein zentraler Befund gewonnen, der ein Paar zweier komplementärer Orientierungsmuster beinhaltet, von denen das eine den Westdeutschen, das andere den Ostdeutschen eindeutig zuzuordnen ist. Während über das gesamte Sample hinweg Ostdeutsche eine Logik der Praxisorientierung zeigen, folgen die Westdeutschen strikt einer Logik der Positionierung. Sie setzen Zeichen, beziehen Stellung, vertreten Interessen, definieren sich über soziale Differenzen und relationale Positionen, suchen soziale Räume zu besetzen, Gipfel zu erklimmen und individuelle Wege zu

verfolgen, und sie verorten im Ringen um Allianzen, Ansprüche und Anerkennung sich und andere durchweg in imaginären Statusfeldern, wobei dies alles
im Glauben einer absoluten Übereinstimmung mit der öffentlichen Wahrnehmung geschieht. Für die Ostdeutschen hingegen bemisst sich die symbolische
Qualität von Aktivitäten am Maßstab moralischer Integrität, an der hierdurch
realisierten Teilhabe an einer übergreifenden kollektiven Praxis, an der kommunikativen Reziprozität und am substanziell erbrachten Beitrag (auch wenn
dieser nur ein symbolisches „Tröpfchen" darstellt).

Abgesehen von nivellierenden Einwänden, welche die Repräsentativkraft des
zugrundeliegenden Samples in Zweifel ziehen oder die Persistenz der zugehörigen Muster leugnen (die Interviews wurden ja zwischen 2002 und 2010
geführt), stellen sich Fragen nach dem logischen Status der rekonstruierten
Muster.

Handelt es sich um determinierende Kräfte, die sämtliche Individuen innerhalb
ihres Einzugsbereichs erfassen und motivieren? Oder haben wir lediglich lokal
dominierende Leitkulturen identifiziert, die zwar durchaus auf die individuelle Selbstdarstellung (und Selbstwahrnehmung) abfärben mögen, ohne jedoch
die individuelle Autonomie damit wirklich zu durchkreuzen? Inwiefern unterscheiden solche Leitkulturen sich noch einmal von den herrschenden „Ideolo-
gien" des Sozialismus beziehungsweise Kapitalismus? Wurden hier überhaupt
die wirklichen Orientierungen erfasst oder nur kognitive Schablonen einer
nachträglichen kommunikativen Deutung des Geschehens?

Sollen die beiden Muster der *Positionierung* und der *Praxisorientierung* als
formalsoziologisch gleichwertig gelten? Oder stellt das für Ostdeutschland charakteristische Muster eine temporäre und lokal begrenzte Anomalie dar, die
im Sinne eines methodischen Tricks nur als künstlicher Kontrast zur präzise-
ren Bestimmung der eigentlich vorherrschenden Subjektivierungsform dienen
brauchte? Aber warum sollte im Rahmen einer kultursoziologischen Zeitdiagnose nicht prinzipiell auch dieses zweite Muster als pathologische Variante
gelesen werden dürfen?

Der symbolanalytisch gewonnene Befund offenbart hier schlicht einen signifikanten Unterschied, den die Analyse selbst jedoch in keiner Weise ursächlich
erklärt. Daher obliegt es der theoretischen Ausdeutung, sich im Hinblick auf die
Überlagerung vielfältiger Einflussfaktoren in historischen Erklärungen zu versuchen. Hierbei sind etwa für Ostdeutschland langfristige regionalspezifische

Prägungen (Protestantismus, Preußen, Gutsherrschaft usw.) ebenso zu berücksichtigen wie das dialektische Spannungsverhältnis zwischen offizieller Ideologie und utopischen Sinnüberschüssen der bodenständigen Lebenswirklichkeit, darüber hinaus aber auch die Lage nach der Annexion, welche aus subjektiver Sicht der Betroffenen geprägt sein mag durch die verweigerte Anerkennung der DDR (als normal prekärer Lebenswelt), die Abwicklung der gewachsenen Einrichtungen, sowie die Besetzung der Posten in verbliebenen Einrichtungen durch fremdbestimmte Eliten. Aus objektiver Sicht könnte die Soziologie den neudeutschen Bundesbürgern hingegen vielleicht ein verfälschtes Verständnis gesellschaftlicher Institutionen konstatieren, das sich vorrangig aus deren medial transportierten Mythen anstelle von eigenen Lebenserfahrungen speist, die damit letztlich doppelt entwertet und abgestempelt werden.

Kann es überhaupt als politisch korrekt gelten, Ost- und Westdeutschland miteinander zu vergleichen, da diese Unterscheidung womöglich diskriminierend, im heutigen Wortsinne also rassistisch ist. Wird hier eine gemeinhin verurteilte Diktatur durch die Hintertür legitimiert? Werden Ostdeutsche als weltfremd ausgegrenzt? Könnte eine analytische Spaltung zwischen Ost und West im Sinne der offiziellen Staatsdoktrin womöglich moralisch unerwünscht sein? Werden hier pauschale Klischees befeuert und durch analytische Dichotomien soziale Klassenschranken symbolisch zementiert? Das Bestehen grundlegender Ost/West-Unterschiede ist hier ja nicht erst das Ergebnis, sondern war vielmehr die Prämisse der Analyse. Inwiefern ist im Lichte des gewonnenen Befundes dann die Annahme seriös vertretbar, dass es da einen konkret benennbaren, ganz allgemeinen kulturellen Unterschied gibt, der auch Jahre nach der deutschen Einheit noch sozialwissenschaftlich wahrnehmbar bleibt?

Probleme dieser Art bilden ein umfangreiches Aufgabenfeld für die abschließende Theoriearbeit. Hierbei gilt es nicht zuletzt die Passung zu sozialtheoretischen Kernüberzeugungen, zum philosophischen Selbstverständnis und zu ethisch-politischen Leitsemantiken aufrechterhalten. Im Idealfall sollten wissenschaftliche Schlüsse zwar in der Konsequenz sogar den diskursiv herumgeisternden Begriff von der sozialen Welt nachhaltig verändern können. Aber niemand wird ja normalerweise daraufhin sogleich interessenpolitische Loyalitäten aufs Spiel setzen, akademische Genealogien leugnen oder die Nomination des eigenen Lehrstuhls hinterfragen.

8.4 Gedankenexperimentelle Universalreflexion

Die bisher angeführten Folgefragen standen in unmittelbarem Zusammenhang mit der Deutung des Befundes im Hinblick auf das Thema der deutschen Einheit, da sich je nach Auslegung diesbezüglich jeweils unterschiedliche Konsequenzen ergeben, ohne dass die Gültigkeit des Befundes selbst davon berührt würde. Theoretische Anschlussfragen und diagnostische Hypothesen sind allerdings nicht notwendig auf solche soziologischen Hintergrundthemen zu beziehen, die direkt den empirischen Fokus der Untersuchung berühren. Im Gegenteil: Aus einer eher praxisbezogenen oder gar klientelistischen Sozialkunde würde nämlich erst dann eine Gesellschaftswissenschaft im strengen Sinne des Begriffs Wissenschaft, wenn das Augenmerk stets auch auf die generellen Mechanismen sozialer Ordnungsbildung gerichtet bleibt. Wenn die Biologie das Genom von Fruchtfliegen entschlüsselt, disqualifizieren sich ja intellektuell auch diejenigen, welche sich prompt nach den Zukunftschancen von artgerechten Fliegenködern erkundigen oder die hygienischen Zustände im Labor bemängeln, denn wieso könne es schließlich in so einem modernen Labor überhaupt Fruchtfliegen geben?

Beispiel

Für unsere exemplarische Studie heißt dies: Durch das methodische Vehikel eines Vergleichs von Ost- und Westdeutschland wurden zwar im Symbolischen sich manifestierende Orientierungen überhaupt einmal aufgespürt. Dies bietet im Weiteren nun aber vor allem die Chance, über Möglichkeiten und Beschränkungen gesellschaftlicher Grundhaltungen im Allgemeinen nachzusinnen. Sollte man tatsächlich von Grundhaltungen oder besser von Orientierungsmustern sprechen (oder lieber von „sozialmoralische Landkarten", wie es im Projektantrag noch hieß)? Ergibt die Haltung sich jeweils aus der Definition der Situation oder suchen umgekehrt fleischgewordene Prädispositionen sich schlicht passende Kontexte zu generieren? In welchem Sinne agieren Menschen überhaupt „sozial"? Ist allein ein souverän auf Distinktion, wechselseitige Beziehungen und erfolgsversprechende Koalitionen ausgerichtetes Handeln wirkliches Sozialverhalten? Maßstab der Sozialkompetenz wäre dann allein die Fähigkeit zur nachhaltigen Positionierung im symbolischen Koordinatensystem sozialer Statusfelder. Oder beinhaltet soziale Praxis die sinnhafte Teilhabe an einem kollektiven Geschehen, sodass ein gelingendes Aufgehen in der Sache das wesentliche Kriterium für die symbolische Verwirklichung lebenspraktischer Autonomie abgäbe?

Wie immer man nun diese Frage genau zu fassen beliebt: Überlegungen dieser Art weisen den gedanklichen Weg zu methodologischen Knackpunkten, an denen insbesondere einem ethnozentrischen Bias auf die Spur zu kommen ist. Im Lichte der Befunde, so ließe sich entsprechend argumentieren, erweise ein relationaler Begriff des Sozialen sich schlichtweg als bürgerliche Ideologie. Demgegenüber könnte jeder Appell zur aktiven Beteiligung am Gemeinwesen möglicherweise dem Verdacht unterworfen werden, insgeheim Ausdruck einer totalitären Ideologie zu sein, die eben auch in der arbeiterlichen Leitkultur der DDR (Engler 1999, S. 198ff.) zum Vorschein kommt.

Auch wenn solche weiterführenden Theorieerwägungen haushoch über die forschungsmäßig gesicherten Befunde hinausgehen, so bleiben sie doch heuristisch in diesen begründet und unterscheiden sich damit grundlegend von einer bloßen sozialtheoretischen Spekulation ohne empirische Bodenhaftung. Die gängigsten Selbstverständlichkeiten der Soziologie können so systematisch mit der sozialen Wirklichkeit konfrontiert werden. Im Zuge einer allgemeinen Reflexion erweisen sie sich zugleich leicht selbst als Teil dieser Wirklichkeit. Schnell landet der kommunikative Ball dann in den Hochländern soziologischer Theoriediskurse, in denen die Diskussion als personifizierte Repräsentanten etwa Emile Durkheim (1988) als Protagonisten organischer Solidarität gegen Pierre Bourdieu (1982) als Protagonisten der Distinktion oder auch Hartmut Esser (1991) als Protagonist der rationale Wahl gegen Karl Weick (1995) als Protagonist einer retrospektiven Sinngebung antreten lassen kann.

Wie bereits in den vorausgehenden Kapiteln verschiedentlich hervorgehoben wurde, schließen Symbolanalysen unmittelbar ausbaufähige empirische Zugänge zu zentralen soziologischen Kategorien wie Gemeinschaft, Beziehung, Status oder Kultur auf. Die hiermit einhergehende Theoriebildung führt daher zwangsläufig tief in die allgemeinen Grundlagen der Soziologie hinein.

Um die potenzielle Bedeutung der Resultate von Symbolanalysen für weitergehende Betrachtungen zu ermessen und ihre diesbezügliche Tragweite auszuloten, wären die Kontexte zu skizzieren, in denen das Ganze überhaupt Konsequenzen zeitigt. Im Stile eines gedankenexperimentellen Stresstests sind die rekonstruierten symbolischen Strukturmuster nach Art einer eidetischen Variation (Husserl 1985) wie Schablonen in verschiedene Passformen komplexer Phänomene gleiten zu lassen, um durch das Vorspuren derartiger Denkfiguren mögliche Anwendungsfelder zu erschließen.

Beispiel

Ein extremes Beispiel hierfür, bei dem es nicht auf Wahrheit ankommt, sondern auf die Verdeutlichung der größtmöglichen Tragweite eines Musters, ist die von dem eigensinnigen Wunderkind William James Sidis ([1935] 1982) vertretene Auffassung, der Habitus der amerikanischen Ureinwohner habe die amerikanische Kultur im Ganzen nachhaltig geprägt, und die Abstammung dieser Ureinwohner selbst ließe sich zusammen mit den europäischen Cro-Magnon-Menschen auf die untergegangene Hochkultur von Atlantis zurückführen. Die phantastischen Spekulationen von Sidis über die amerikanische Geschichte haben aufgrund ihrer intelligent aufbereiteten Indizien damals zweifellos einen wichtigen Impuls dazu gegeben, das ethnozentrische Selbstverständnis des weißen Mannes etwas aufbrechen.

Solch arge Phantastereien laufen freilich der akademischen Seriosität zuwider, die ja selbst einen symbolischen Code darstellt, der in Wahrheitsfragen nüchterne Zurückhaltung und zitierfeste Besonnenheit empfiehlt. Bei der Ausdeutung von Befunden durch gedankenexperimentelle Universalreflexion geht es aber auch nicht um sture Behauptungen oder wilde Mutmaßungen, sondern die Erörterung und Erwägung denkbarer Zusammenhänge. Nur so lassen sich die Konsequenzen und die Reichweite eines identifizierten Musters abschätzen. Die hier zu vertretende Maxime zum Problem der Theoriebildung kann daher nur lauten:

▶ Die gefundene Symbolfigur soll man radikal aus dem empirischen Forschungskontext herauslösen und möglichst weitreichend ausspinnen, um sie einer intellektuellen Belastungsprobe zu unterziehen.

Beispiel

Analog zu der angeführten Geschichtsdeutung von Sidis ließe sich das besagte Muster der Praxisorientierung im Extremfall versuchsweise mit den (fernöstlichen) Drei Lehren in Verbindung bringen, wohingegen beim Muster der Positionierung womöglich ein Zusammenhang herzustellen wäre mit der amerikanischen Wegesmetapher (nicht *american* way, sondern american *way!*), *die auch* als säkularer Kontrast zum Dao beziehungsweise dem achtfachen Pfad zu verstehen sein könnte. Die Adepten des amerikanisches Weges sind im Grunde

immer Siedler geblieben und agieren so gesehen bis heute als selbstbewuss-
te Einwanderer in die Gesellschaft, die ihr Neuland besetzen, Palisaden er-
richten, vorteilhafte Geschäfte mit den Ureinwohnern suchen, gegebenenfalls
missionieren, Gebiet erobern und sich als Flüchtlinge vor der Vergangenheit
anerkannte Attribute anzueignen suchen.

Der hergestellte Zusammenhang muss nicht notwendig kausaler Natur sein, solange es jedenfalls nicht gänzlich abwegig erscheint, eine mögliche Wahlverwandt-
schaft zur Diskussion zu stellen, wie im Beispiel über den Vergleich der Positionie-
rungslogik mit der *Ursituation von Einwanderern*. Hieran wird dann im Übrigen
auch erst die strukturelle Kreuzung unterschiedlicher symbolischer Dimensionen
unmittelbar greifbar:

1. In der *Dimension der Sozialisation* geht es hier um eine Grundhaltung,
welche die Vergangenheit zurückzulassen sucht, da sie das Glück hinter dem
Horizont vermutet. Die unternommenen Aktivitäten wollen kein Gesamtwerk
schaffen, sondern dienen als Vehikel für das eigene Fortkommen: den empfun-
denen Aufstieg.

2. In der *Dimension der räumlichen Ordnung* setzt man demgegenüber darauf,
Stellung zu beziehen, die eigene Position auszubauen, Raum zu besetzen und
den erreichen Stand stets zu beurteilen in Relation zu anderen in Sichtweite
befindlichen Lagen.

3. Diese fundamentalen Intentionen des Besetzens und Besitzens gehen wiederum mit einer speziellen *Modulation der Triebnatur* einher, die man in Anlehnung an Freud als anal geprägt bezeichnen könnte, wie es im Übrigen auch der
bodenständigen Fäkalmetaphorik US-amerikanischer Ordnungssemantiken
entspricht (vor allem im militärischen Kontext).

4. Dies hat nicht nur Auswirkung auf die Evaluation von Geschlechterbeziehungen, sondern betrifft die symbolische Definition *sozialer Identitäten* in Begriffen von Distinktion und Konkurrenz insgesamt. Die Leitideen von Erobern
und Aufstieg eichen die symbolische Kompassnadel des sozialen Status auf ein
fiktives „Oben".

5. In der *Dimension der Sozialintegration* neigen Siedlergemeinschaften hingegen zu einer Wagenbug-Mentalität, welche kollektive Solidarität vorzugswei-

se im symbolischen Binnenraum einer aggressiv kontrollierten innen/außen-Grenze generiert.

6. In der *Dimension des Weltbilds* korrespondiert dies alles schließlich mit den modernen Mythen von Erfolg, Freiheit und Fortschritt als den glorreichen Chancen des Lebens. Von der hiermit einhergehenden ideologischen Individualisierung sozialer Tatbestände konnte im Zuge mehrerer Wellen der demokratischen Re-Edukation auch die soziologische Selbstbeschreibung der Gesellschaft weltweit kaum verschont bleiben. Es ist jedenfalls selbst in der Soziologie geradezu selbstverständlich geworden, alles Geschehen einerseits auf willentlich handelnde Akteure zuzuschreiben, anderseits aber Menschen in Sachen Wert (Marx) und operativem Potenzial (Latour) wiederum weitgehend mit Objekten gleichsetzen.

Wie auch immer eine derartige kontexterweiternde Ausdeutung im Einzelnen ausfallen mag: Der Clou der Theoriebildung besteht entsprechend in der konstruktiven Kombination von Begriffen über verschiedene Dimensionen des Symbolischen hinweg sowie in der Einspeisung der Ergebnisse in übergreifende Überlegungen, sodass es nach Möglichkeit zu einer produktiven Verknüpfung verschiedener Stränge des sozialwissenschaftlichen Diskurses kommt.

8.5 Zwischen Grundlagenforschung und angewandter Symbolanalyse – Resümee methodischer Problemlösungsstrategien

Mit Blick auf die gedankenexperimentelle Verallgemeinerbarkeit empirisch gesicherter Befunde im Zuge einer anschließenden Universalreflexion haben wir die Symbolanalyse damit letztlich als eine essentielle Komponente soziologischer Grundlagenforschung dargestellt. Diesen Eindruck gilt es nun insofern wieder etwas zu relativieren, als die Analyse von Symbolik gewöhnlich in engere Forschungskontexte eingebettet bleibt. Diese beschränken sich ja nicht nur in empirischer Hinsicht auf rigide abgesteckte Felder der akademischen Forschungslandschaft, sondern verfolgen auch thematisch entsprechend zugeschnittene Fragestellungen kleinerer Reichweite.

Eine genauere Erörterung des logischen Verhältnisses zwischen Grundlagenforschung und angewandter Symbolanalyse führt uns unmittelbar zu einem abschließenden Resümee der erörterten *methodischen Probleme* sowie der hierauf antworteten *forschungspraktischen Strategien*. Auch wenn wir in den vorangegan-

genen Kapiteln durchaus auf die Eigenständigkeit einer Symbolforschung wert-
gelegt haben, so handelt es sich bei den hier diskutierten Problemen und Strategien um Herausforderungen jedweder rekonstruktiver Forschungspraxis, die im
emphatischen Sinne sich erkundend an ihren Forschungsgegenständen bewegt (zur
Übersicht Abbildung 8.1).

	Methodische Probleme	Sozialwissenschaftliche Strategien
1	Disziplinäre Fragmentierung der Symbolforschung	Integrativen Symbolbegriff durch transdisziplinäre Gegenstands-auffassung entwerfen
2	Methodologischer Status des Symbols paradigmenabhängig	Symbolbetrachtungen als Brückenprinzip begreifen
3	Zugang zu symbolischer Komplexität	Ethnologisches Material heranziehen
4	Eigenlogik von Empirie, Methode und Theorie	Forschungsdreieck zyklisch durchlaufen
5	Forschungsfrage generieren	Symbolische Ausdrucksformen als Krisenbewältigung betrachten
6	Erfassung symbolischer Sinnbezüge	Textförmige Manifestationen ana-lysieren
7	Bewältigung der Komplexität des Materials	Sequenzanalyse, Kodierung, Kontras-tierung als Öffnung und Verdichtung der Empirie
8	Gegenstandsangemessene Generalisierung	Kontexterweiternde Anschlussfragen generieren

Abbildung 8.1   Zusammenschau methodischer Probleme und Strategien der Symbolanalyse (eigene Darstellung)

Wie im *ersten Kapitel* dargelegt, lässt die Symbolanalyse sich daher zwar einerseits als eine die Geistes-, Sozial- und Kulturwissenschaften überspannende Aufgabe auffassen. In der Regel sind die involvierten Forschungszweige andererseits
nicht explizit auf die Rekonstruktion genereller symbolischer Mechanismen aus-

gerichtet. Ihr manifestes Ziel besteht vielmehr in der Ergründung von spezifischen Ritualen, Kunstwerken und Stilen, von politischer Symbolik, von Gruppenverhalten, von kulturbezogenen, szeneeigenen oder milieuinternen Codes. Der oben beschriebene Zug zur Generalisierung bleibt daher zunächst vornehmlich implizit angelegt.

Allerdings verweist jegliche Symbolik – von der Religion über Literatur und Musik bis hin zur Sprache an sich - grundsätzlich auf den Kontext einer sozialen Wirklichkeit, die selbst wesentlich symbolisch verfasst ist. Die musikalische Bedeutung eines Taktwechsels mag sich etwa nur aus dem symbolischen Sinn korrespondierender Tänze erschließen, die ihrerseits in ein umfassendes kulturelles System einzuordnen sind. Wir hatten vor diesem Hintergrund eine transdisziplinäre Gegenstandsauffassung favorisiert, die eine Überwindung der disziplinären Fragmentierungen geschuldeten Erkenntnisblockaden anstrebt. Der Blick über den Tellerrand mag hier dazu verhelfen, den Dingen besser auf den Grund zu gehen.

Wie im *zweiten Kapitel* herausgestellt wurde, lässt sich ein in diesem Sinne integrativer Begriff des Symbolischen zugleich als Brückenprinzip zwischen unterschiedlichen theoretischen Lehren verstehen. Methodologisch gesehen gilt das Symbol nämlich über sämtliche soziologischen Paradigmen hinweg durchweg als mediierende Instanz:

- Es vermittelt zwischen Ego und Alter, indem es in Interaktionen als intersubjektiver Bezugspunkt fungiert, ja sogar eine kollektive Vergemeinschaftung größerer Gruppen bewirken kann.
- Es übermittelt die interaktiv ausgehandelten Deutungsschemata und Weltbilder an Novizen und jüngere Generationen und wirkt mithin als Medium der Sozialisation.
- Es dient der ideologischen Legitimation herrschender Verhältnisse und vermittelt den Menschen insofern idealisierte Modelle institutioneller Ordnungen.
- Es idealisiert die objektiven Gegebenheiten und manifestiert ideelle Bedeutungen, verkoppelt also in sich geistige und materielle Aspekte der Wirklichkeit.

Kurzum: Symbole vermitteln je nach Perspektive sowohl zwischen Menschen, zwischen Individuum und Gesellschaft, zwischen Geist und Materie, als auch zwischen partikulären Ereignissen und der Totalität des Ganzen. Wie Symbolik verstanden wird, hängt somit einerseits vom zugrundeliegenden Paradigma ab; andererseits treffen sich die unterschiedlichen Paradigmen intellektuell gerade in dem Maße, wie Symbolik adäquat verstanden wird.

Obgleich jedes einzelne Forschungsprojekt sich in der Praxis vorab auf ein methodologisches Paradigma festlegen mag, bei dem jeweils primär eine bestimmte Vermittlungsfacette im Mittelpunkt steht, so offenbart die Wirkungsweise von
Symbolen sich doch letztlich immer am empirischen Material selbst. Wie sich im
dritten Kapitel am Beispiel der angeführten ethnologischen Klassiker zeigen ließ,
kann eine weitergehende theoretische Interpretation deshalb gegebenenfalls auch
noch im Nachhinein erfolgen.

Auch wenn der manifeste Forschungsgegenstand ethnologischer Studien daher
spezielle Ethnien sein mögen, so leisten diese zugleich nichtsdestotrotz eine unver-
zichtbare Zuarbeit für die allgemeine Soziologie und die Kulturwissenschaften im
Allgemeinen. Der Umweg über ethnologisches Material aus fremden Kulturkreisen
birgt insbesondere ein immenses Potenzial für wertvolle Einsichten in die eigene
Kultur, da schließlich die nötige verfremdende Distanz insbesondere zur komplexen Symbolik der modernen Weltgesellschaft anders kaum zu gewinnen ist.

Wie im *vierten Kapitel* erörtert, folgt das hermeneutische Forschungspara-
digma rekonstruktiver Symbolanalysen vermeintlich einer paradoxen Logik, da
Themenstellung, Materialauswahl und interpretative Deutung in der Tat in einem
zirkulären Zusammenhang stehen. Ohnehin bleibt Wissenschaft zwangsläufig immer selbst Teil einer gesamtgesellschaftlichen Formation. Daher ist nicht zuletzt
die Soziologie im Rahmen von sozialen Positionskämpfen einerseits unweigerlich
bestrebt, akademische Themenfelder zu besetzen und durch institutionalisierte In-
formationskontrolle ausgewiesene Expertise zu generieren, und sie neigt zudem
zur Subsumtion sozialer Phänomene unter die je anerkannten Auffassungen.

Um nicht banal zu erscheinen bleibt sie andererseits zugleich darauf angewiesen, gängige Vorstellungen im Zuge überraschender Einsichten zu durchbrechen.
Als methodische Strategie zur Ermöglichung eines diesbezüglichen Erkenntnis-
prozesses war dafür plädiert worden, die Phasen der Theoriebildung, der Datengewinnung und der Interpretation logisch auseinanderzuhalten und in Form systematisch ineinander verschachtelter Zyklen kontrolliert zu durchlaufen.

Hierzu bedarf es einer optimalen Sensibilisierung des wissenschaftlichen
Blicks für empirische Details. Wie im *fünften Kapitel* dargestellt wurde, kommt es
dabei allem voran auf eine geeignete Definition des Forschungsgegenstands an. Einerseits ergibt sich diese gewöhnlich aus den theoretischen Hintergrundannahmen
des betreffenden Forschungskontextes, so etwa bezüglich der Konstitution von
Biographien, Familien, Gruppen, Milieus oder Kulturkreisen. Die vorausgehende
Fallbestimmung gewährleistet, dass die analysierte Symbolik auf eine exakt definierte Lebenspraxis bezogen und damit als Indikator einer konkreten Fallstruktur
gelesen werden kann.

Andererseits empfiehlt es sich, die verfolgte Fragestellung überdies in die Form einer hypothetischen Krisensituation zu bringen, um sich ohne unnötige Wesensannahmen vom analysierten Material so weit als möglich überraschen zu lassen. Durch diese Strategie öffnet sich der Blick in angemessener Weise für die symbolischen Kompetenzen der Praxis zur autonomen Krisenbewältigung. Zuerst wäre also immer vorläufig die Lage zu bestimmen, um erst dann den Blick gezielt auf empirisch vorzufindende symbolische Lösungen richten!

Die Symbolanalyse nimmt folglich in forschungslogischer Hinsicht ihren Ausgang von einer wissenschaftlichen Frage und keineswegs etwa von einzelnen Symbolen. Materialer Gegenstand symbolische Analysen sind prinzipiell keineswegs symbolträchtige Objekte wie Gartenzwerge, Smartphones, Blumensträuße an sich. Wie im *sechsten Kapitel* vorgeführt gilt es vielmehr praxisinhärente symbolische Sinnbezüge zu erfassen, wobei die Erhebungsstrategie darin besteht, dazu auf textförmige Manifestationen im weitesten Sinne zurückzugreifen, also auch auf protokollierte Sinneseindrücke, auf Musik- und Bildmaterial.

Dabei richtet sich die Auswahl des Datenmaterials immer nach pragmatischen Gesichtspunkten. Einerseits liegt es nahe, symbolische Operationen im situativen Vollzug zu beobachten und kommunikative Prozesse möglichst unverfälscht zu protokollieren. Ein bestimmtes Bezugsproblem pflegt aber doch Standardlösungen hervorbringen, die sich dann im Rahmen kulturell verankerter symbolischer Ordnungen etablieren. Unter heuristischen Gesichtspunkten bleibt es daher andererseits durchaus möglich, an sinnfälligen Einzelheiten wie Scherzen, Tätowierungen oder etwa Merkels Raute anzusetzen.

Aber selbst dann gibt es auf die Frage nach der Bedeutung allenfalls in Ausnahmefällen eine einfache Antwort, nämlich dann, wenn der fragliche Problemkontext sich auf simple kontextinterne Aktionsfolgen beschränkt: Was bedeutet dieser rote Schalter? Was bedeutet der schwarze Rauch über dem Vatikan? Was bedeuten dritter Gong, Verdunklung des Konzertsaals, Öffnen und Fallen des Vorhangs? Fragen dieser Art betreffen freilich allein unmittelbare praktische Konsequenzen, wohingegen die der Symbolanalyse zugrundeliegenden Forschungsinteressen sich normalerweise auf komplexere Sinnbezüge richtet: Was bedeutet jemandem sein Teddybär, sein Kommunikator, sein lässiges Grinsen? Was bedeutet bei repräsentativen Akademikern eine Krawatte? Angesichts der Mannigfaltigkeit symbolischer Texturen ist die Bedeutung eines signifikanten Details letztlich nie isoliert zu erfassen. Wie im *siebten Kapitel* ausgeführt, bedarf es daher interpretativer Strategien, welche die Komplexität des Materials methodisch reduzieren, um sie sukzessive kontrolliert erschließen zu können.

Die Sequenzanalyse verhilft dazu, die Verkettung einzelner bedeutungstragender Elemente im inneren Kontext einer Situation zu betrachten. Sie schlüsselt die

symbolische Komplexität also genetisch auf. Das Kodieren dient hingegen vorzugsweise der systematischen Abstraktion und erlaubt damit die Erschließung
flächendeckender Materialbestände. Strategien der Kontrastierung ermöglichen
schließlich die Entwicklung von Typologien und kontrollieren gezielt die globale
Varianz symbolischer Formen. Durchweg sind diese gängigen Interpretationstechniken also grundsätzlich auf Generalisierungen hin angelegt, welche jenes naive
Paradigma geschlossener Bedeutungszuschreibungen überwindet, das dinghaft
verstandenen Einzelsymbolen eineindeutige weltliche Entsprechungen zuzuordnen sucht.

Nichtsdestotrotz kann das forschungspraktische Interesse der Analyse überhaupt sich unter Umständen gezielt auf ganz partikuläre Symboliken beschränken.
Letzteres dürfte insbesondere der Fall sein, wenn es um die Ausgestaltung, Mani-
pulation, Therapie lokaler Praxisangelegenheiten, anders gesagt: um sozialtechno-
logisches Krisenmanagement geht. Man betreibt dann tatsächlich eine Art angewandter Symbolanalyse. Ob Symboldesign und die Entlarvung verdeckter Motive
sich als hermeneutische Dienstleistungen verkaufen lassen, dies dürfte allerdings
vom Geschick der soziologischen Selbstvermarktung abhängen. Eine solide Analyse mag selbstverständlich selbst gestalterische Lösungen kreieren helfen, indem
die verfügbaren Optionen idealtypisch herausgearbeitet werden, um die sondierten
Potenziale gegebenenfalls einfallsreich auszureizen.

Soziologische Grundlagenforschung betreibt man jedenfalls in dem Maße, in
dem der begriffliche Fokuswerfer höher auf der Leiter der wissenschaftlichen Abstraktion zu den grundsätzlichen Problemen hinaufsteigt. Kleinste Details lassen
sich am besten mittels großer Fragen ausleuchten. Wie das *letzte Kapitel* deutlich
machen sollte, bezieht sich die in der Symbolanalyse begründete Theoriebildung
dann nicht allein auf deren empirischen Fokus oder gar auf separate Einzelsymbo-
le. Vielmehr gestattet sie die Formulierung genereller Hypothesen zu den betreffenden Typen von Symbolik, die sich späterhin im Hinblick auf spezifische Anwendungsfelder leichthin adaptieren lassen. Sie eröffnet überdies zeitdiagnostische
Deutungslinien, da im Einzelnen stets das Allgemeine aufscheint. Und sie liefert
nicht zuletzt fundierte Begrifflichkeiten zur Erfassung von Sozialität schlechthin.

Die wissenschaftliche Verantwortung zum Umgang mit den umrissenen Problemen und Strategien obliegt letzten Endes gleichwohl immer der einzelnen
Studie. Wie im abschließenden Rückblick auf die einzelnen Kapitel hoffentlich
herausgestellt werden konnte, stehen dabei Grundlagenforschung und angewand-
te Symbolanalyse über alle thematischen Ebenen hinweg in einem konstruktiven
Spannungsverhältnis (siehe abschließend Abbildung 8.2).

Thematische Ebene	Angewandte Symbolanalyse ist bezogen auf …	Grundlagenforschung versteht Symbolik …
System wissenschaftlicher Disziplinen	konkrete Kunstwerke, religiöse Rituale, politische Zeremonien etc.	als Kreuzungspunkt unterschiedlicher Perspektiven
Soziologische Methodologie	je spezielle sozialwissenschaftliche Ansätze	als Übersetzungsmedium disziplinärer Perspektiven
Ethnologie	kulturelle Besonderheiten und ihre Eigenlogik	als kulturübergreifendes Strukturprinzip
Forschungslogik	wissenschaftliche Expertise und akademische Profilierung	im Modus kategorialer „Entdeckung"
Forschungsgegenstand	bewährte Hintergrundüberzeugungen	als neuen Zugang zu sozialer Wirklichkeit
Empirische Grundlage	kulturelle Standardformen und signifikante Einzelphänomene	mittels situativer Praxisprotokolle
Interpretationsvorgang	isolierte Details	anhand praxisrelevanter Sinnzusammenhänge
Erkenntnisinteresse	Praktische Rückschlüsse und aktive Symbolgestaltung	als Schlüssel zu sozialtheoretischen Grundproblemen

Abbildung 8.2 Thematische Spannungsverhältnisse zwischen Grundlagenforschung und angewandter Symbolanalyse (eigene Darstellung)

8.6 Literaturempfehlung: Reflexionen und Grenzen symbolanalytischer Befunde

Wie weit man es potentiell mit einer Symbolanalyse treiben kann, zeigen exemplarisch Foucaults historische Analysen zum „Panopticum" als Ausdruck neuer gesellschaftlicher Disziplinierungstechnologien am Übergang zum 19. Jahrhundert. Das Beispiel verdeutlicht, dass die eigentlich analysierten Überwachungsmechanismen lediglich symbolische Orte weitreichenderer gesellschaftlicher Entwicklungen darstellen, für die Gefängnisarchitektur und Techniken der Strafe und Überwachung sichtbare Ausdrucksformen darstellen. Die kleinteilig organisierten historischen Studien fügen sich dabei unmittelbar in gesamtgesellschaftliche Diskurslinien.

Foucault, Michel (1977b): Überwachen und Strafen. Die Geburt des Gefängnisses, Frankfurt/M.

Literaturverzeichnis

Allert, Tilmann (1998): Die Familie. Fallstudien zur Unverwüstlichkeit einer Lebensform, Berlin und New York.

Amann, Klaus, Hirschauer, Stefan (1997): Die Befremdung der eigenen Kultur. Ein Programm, Frankfurt/M., S. 7-41.

Becker, Howard S. ([1963] 2014): Außenseiter. Zur Soziologie abweichenden Verhaltens, 2. Auflage, Wiesbaden.

Becker, Howard S. u.a (1976): Boys in White. Student Culture in Medicine School, Chicago.

Beetz, Michael (2014a): Sozialmoralische Orientierungen bürgerschaftlicher Engagierter im Ost-West-Kontrast, in: Newsletter Wegweiser Bürgergesellschaft 16/2014 vom 15.08.2014 (http://www.buergergesellschaft.de/109577/#6925).

Beetz, Michael (2014b): Kraft der Symbole. Wie wir uns von der Gesellschaft leiten lassen und dabei die Wirklichkeit selbst mitgestalten, Konstanz und München.

Beetz, Michael u.a. (2014): Was bewegt Deutschland? Sozialmoralische Landkarten engagierter und distanzierter Bürger in Ost- und Westdeutschland, Weinheim und Basel.

Behr, Rafael (2006): Polizeikultur. Routinen – Rituale – Reflexionen. Bausteine zu einer Theorie der Praxis der Polizei, Wiesbaden.

Berger, Christa u.a. (2002): Die Stadt der Zukunft. Leben im prekären Wohnquartier, Opladen.

Berger, Peter L., Kellner, Hansfried (1965): Die Ehe und die Konstruktion der Wirklichkeit. Eine Abhandlung zur Mikrosoziologie des Wissens, in: Soziale Welt, 16. Jg., Heft 3, S. 220-235.

Bergmann, Jörg R. (1985): Flüchtigkeit und methodische Fixierung sozialer Wirklichkeit: Aufzeichnungen als Daten der interpretativen Soziologie, in: Soziale Welt, Sonderband 3, S. 299-320.

Blumer, Herbert (1973): Der methodologische Standort des symbolischen Interaktionismus, in: Arbeitsgruppe Bielefelder Soziologen (Hrsg.), Alltagswissen, Interaktion und gesellschaftliche Wirklichkeit, Bd. 1, Reinbek, S. 80-101.

Bogner, Alexander u.a. (2009): Experteninterviews in der qualitativen Sozialforschung. Zur Einführung in eine sich intensivierende Methodendebatte, in: dies. (Hrsg.), Experteninterviews – Theorien, Methoden, Anwendungsfelder, 3. überarbeitete Auflage, Wiesbaden, S. 7-31.

Bohnsack, Ralf (1989): Generation, Milieu und Geschlecht, Opladen.

Bohnsack, Ralf (2013): Typenbildung, Generalisierung und komparative Analyse. Grund-
prinzipien der dokumentarischen Methode, in: ders. u.a. (Hrsg.), Die dokumentarische
Methode und ihre Forschungspraxis. Grundlagen qualitativer Sozialforschung, 3. Auflage, Wiesbaden, S. 241-270.

Bohnsack, Ralf (2006): Mannheims Wissenssoziologie als Methode, in: Tänzler, Dirk u.a.
(Hrsg.), Neue Perspektiven der Wissenssoziologie, Konstanz, S. 271-293.

Bohnsack, Ralf (2008): Rekonstruktive Sozialforschung: Einführung in qualitative Methoden, Opladen, S. 57-69.

Bohnsack, Ralf u.a. (2010): Einleitung: Gruppendiskussionen als Methode rekonstruktiver
Sozialforschung, in: dies. (Hrsg.), Das Gruppendiskussionsverfahren in der Forschungs-
praxis, 2., vollständig überarbeitete und aktualisierte Auflage, Opladen und Famington
Hills, S. 7-25.

Bourdieu, Pierre (1974): Zur Soziologie der symbolischen Formen, Frankfurt/M.

Bourdieu, Pierre (1982): Die feinen Unterschiede. Kritik der gesellschaftlichen Urteilskraft,
Frankfurt/M.

Bourdieu, Pierre (1997): Zur Genese der Begriffe Habitus und Feld, in: ders., Der Tote packt
den Lebenden, Hamburg.

Breckner, Roswitha (2010): Sozialtheorie des Bildes. Zur interpretativen Analyse von Bildern und Fotografien, Bielefeld.

Butler, Judith (2003): Das Unbehagen der Geschlechter, Frankfurt/M.

Cassirer, Ernst (2007): Versuch über den Menschen. Einführung in eine Philosophie der
Kultur, Hamburg.

Corsten, Michael u.a. (2007): Quellen bürgerschaftlichen Engagements, Wiesbaden.

Corsten, Michael u.a. (Hrsg.) (2010): Videographie praktizieren. Herangehensweisen, Möglichkeiten und Grenzen, Wiesbaden.

De Saussure, Ferdinand (1967): Grundfragen der allgemeinen Sprachwissenschaft, Olden-
bourg.

Dilthey, Wilhelm ([1883] 2013): Einleitung in die Geisteswissenschaften. Versuch einer
Grundlegung für das Studium der Gesellschaft und ihrer Geschichte, Berlin.

Douglas, Mary (1974): Ritual, Tabu und Körpersymbolik. Sozialanthropologische Studien
in Industriegesellschaft und Stammeskultur, Frankfurt/M.

Durkheim, Emile (1988): Über soziale Arbeitsteilung, Frankfurt/M.

Durkheim, Emile (1994): Die elementaren Formen des religiösen Lebens, Frankfurt/M.

Eisewicht, Paul (2013): Vom Sketch zum Piece – Kompetenzerwerb in Szenen am Beispiel
von Graffiti, in: Eberhard, Daniel M., Ruile, Anna M. (Hrsg.), „each one teach one" Inklusion durch kulturelle Bildung im Kontext von Jugendszenen, Marburg, S. 149-173.

Engler, Wolfgang (1999): Die Ostdeutschen. Kunde von einem verlorenen Land, Berlin.

Engelstädter, Anna (2006): Familiale Transformationsprozesse auf Rügen. Das Beispiel
bäuerlicher Wiedereinrichter, in: Sozialwissenschaftliches Journal, 1. Jg., Heft 1, S. 123-
141.

Esser, Hartmut (1991): Alltagshandeln und Verstehen. Zum Verhältnis von erklärender und
verstehender Soziologie am Beispiel von „rational choice", Tübingen.

Flick, Uwe (2011): Triangulation, 3., aktualisierte Auflage, Wiesbaden.

Foucault, Michel (1977a): Der Wille zum Wissen. Sexualität und Wahrheit I, Frankfurt/M.

Foucault, Michel (1977b): Überwachen und Strafen. Die Geburt des Gefängnisses, Frank-
furt/M.

Foucault, Michel (2000): Die Gouvernementalität, in: Lemke, Thomas u.a. (Hrsg.), Gouvernementalität der Gegenwart. Studien zur Ökonomisierung des Sozialen, Frankfurt/M., S. 41-68.

Frank, Manfred (1984): Was ist Neostrukturalismus, Frankfurt/M.

Franzheld, Tobias (2013): Eine Ethnographie der Sprachpraxis bei Kindeswohlgefährdung und ihre Bedeutung für einen interdisziplinären Kinderschutz, in: Soziale Passagen, 5. Jg., Heft 2, S. 77-96.

Fromm, Erich ([1956] 2003): Die Kunst des Liebens, Frankfurt/M.

Freud, Sigmund ([1913] 1995): Totem und Tabu. Einige Übereinstimmungen im Seelenleben der Wilden und der Neurotiker, Frankfurt/M.

Funcke, Dorett (2014): Soziale Konstruktion von Elternschaft und Verwandtschaft am Beispiel einer gleichgeschlechtlichen Familie, in: Sozialer Sinn, 14. Jg., Heft 2, S. 309-339.

Garfinkel, Harold (1977): Studien über die Routinegrundlagen von Alltagshandeln, in: Steinert, Heinz (Hrsg.), Symbolische Interaktion. Arbeiten zu einer reflexiven Soziologie, Stuttgart, S.280-293.

Garfinkel, Harold (2000): „Gute" organisatorische Gründe für „schlechte" Krankenakten, in: System Familie, 13. Jg., Heft 3, S. 111-122.

Garz, Detlef, Kraimer, Klaus (Hrsg.) (1994): Die Welt als Text. Zum Projekt einer hermeneutisch-rekonstruktiven Sozialwissenschaft, Frankfurt/M.

Geertz, Clifford (1973): Dichte Beschreibung. Beiträge zum Verstehen kultureller Systeme, Frankfurt/M.

Giddens, Anthony (1984): Die Konstitution der Gesellschaft. Grundzüge einer Theorie der Strukturierung, Frankfurt/M.

Girtler, Roland (1980): Polizei-Alltag. Strategien, Ziele und Strukturen polizeilichen Handelns, Opladen.

Girard, René (1988): Der Sündenbock, Zürich.

Goffman, Erving (1973): Asyle. Über die soziale Situation psychiatrischer Patienten und anderer Insassen, Frankfurt/M.

Goffman, Erving (1982): Das Individuum im öffentlichen Austausch. Mikrostudien zur öffentlichen Ordnung, Frankfurt/M.

Goffman, Erving ([1959] 2003): Wir alle spielen Theater. Die Selbstdarstellung im Alltag, 10. Auflage, München.

Gurwitsch, Aron (1972): Die mitmenschliche Begegnung in der Milieuwelt, in: Metraux, Alexandre (Hrsg.), Phänomenologisch-psychologische Forschungen, Bd. 16, Berlin und New York.

Habermas, Jürgen (1981): Theorie kommunikativen Handelns, 2 Bde., Frankfurt/M.

Habermas, Jürgen (1986): Zu Gadamers Wahrheit und Methode, in: ders. u.a. (Hrsg.), Hermeneutik und Ideologiekritik. Theorie-Diskussionen, Frankfurt/M., S. 45-56.

Helfferich, Cornelia (2011): Die Qualität qualitativer Daten. Manual für die Durchführung qualitativer Interviews, 4. Auflage, Wiesbaden.

Hildenbrand, Bruno (1999): Was ist für wen der Fall? Problemlagen bei der Weitergabe von Ergebnissen von Fallstudien an die Untersuchten und mögliche Lösungen, in: Psychotherapie und Sozialwissenschaft. Zeitschrift für qualitative Forschung, 1. Jg. Heft 4, S. 265-281.

Hildenbrand, Bruno (2000): Anselm Strauss, in: Flick, Uwe u.a. (Hrsg.), Qualitative Sozialforschung. Ein Handbuch, Reinbek, S. 32-42.

Hildenbrand, Bruno (2004): Gemeinsames Ziel, verschiedene Wege: Grounded Theory und Objektive Hermeneutik im Vergleich, in: Sozialer Sinn, 5. Jg., Heft 2, S. 177-194.

Hildenbrand, Bruno (2005): Fallrekonstruktive Familienforschung, Wiesbaden.

Hildenbrand, Bruno (2007): Einführung in die Genogrammarbeit, 2. Auflage, Heidelberg.

Hildenbrand, Bruno (2012): Objektive Daten im Gespräch. Die biographische Illusion: Der Gang der Argumentation bei Pierre Bourdieu, in: Sozialer Sinn, 13. Jg., Heft 1, S. 57-78.

Hitzler, Ronald (1994): Sinnbasteln. Zur subjektiven Aneignung von Lebensstilen, in: Mörth, Ingo, Fröhlich, Gerhard (Hrsg.), Das symbolische Kapital der Lebensstile: zur Kultursoziologie der Gegenwart nach Pierre Bourdieu, Frankfurt/M., S. 75-92.

Helsper, Werner, Böhme, Jeanette (2000): Schulmythen - Zur Rekonstruktion pädagogischen Sinns, in: Kraimer, Klaus (Hrsg.), Die Fallrekonstruktion. Frankfurt/M., S. 239-274.

Hoffmann-Riem, Christa (1980): Die Sozialforschung einer interpretativen Soziologie - Der Datengewinn, in: Kölner Zeitschrift für Soziologie und Sozialpsychologie, 32 Jg., Heft 2, S. 337-372.

Honer, Anne (1993): Das Perspektivenproblem in der Sozialforschung. Bemerkungen zur lebensweltlichen Ethnographie, in: Jung, Thomas, Müller-Doohm, Stefan (Hrsg.), „Wirklichkeit" im Deutungsprozess. Verstehen und Methode in den Kultur- und Sozialwissenschaften, Frankfurt/M., S. 241-257.

Honer, Anne (2011). Kleine Leiblichkeiten, Wiesbaden.

Honneth, Axel (2003): Kampf um Anerkennung. Zur moralischen Grammatik sozialer Konflikte, erw. Ausg., Frankfurt/M.

Hughes, Everett C. (1984): Mistakes at Work, in: ders., The Sociological Eye. Selected Papers, New Brunswick und London, S. 316-325.

Husserl, Edmund (1985): Die Phänomenologische Methode. Ausgewählte Texte I, Leipzig.

Imber-Black, Evan (2000): Die Macht des Schweigens. Geheimnisse in der Familie, Stuttgart.

Jäkel-Wurzer, Daniela (2010): Töchter im Engpass. Eine fallrekonstruktive Studie zur Nachfolge in Familienunternehmen, Heidelberg.

Kallmeyer, Werner, Schütze, Fritz (1977): Zur Konstitution von Kommunikationsschemata der Sachverhaltsdarstellung, in: Wegener, Dirk (Hrsg.), Gesprächsanalysen, Hamburg, S. 159-274.

Kauppert, Michael (2008): Ein romantisches Gehirn - zum cerebral turn in der strukturalen Anthropologie, in: Berliner Journal für Soziologie, 18. Jg., Heft 2, S. 307-333.

Kleining, Gerhard (1961): Zur Phänomenologie des Gartenzwergs, in: Psychologie und Praxis, 5. Jg., Heft 3, S. 118-129.

Kleining, Gerhard (1995): Lehrbuch Entdeckende Sozialforschung. Band I. Von der Hermeneutik zur qualitativen Heuristik, Weinheim.

Köhle-Hezinger, Christel (2000): Der Weihnachtsbär. Verbärung der Weihnacht – Verbärung der Welt, in: Volkskultur und Moderne 21. Jg., S. 379-397.

Krappmann, Lothar (1988): Soziologische Dimensionen der Identität. Stuttgart.

Lacan, Jacques (1975): Schriften I, Frankfurt/M.

Legnaro, Aldo (2011): Über das Flanieren als eine Methode der empirischen Sozialforschung, in: Sozialer Sinn, 11. Jg., Heft 2, S. 275-288.

Lévi-Strauss, Claude (2008): Mythologica, Frankfurt/M.

Lévi-Strauss, Claude ([1948] 1981): Die elementaren Strukturen der Verwandtschaft, Frankfurt/M.

Lindesmith, Alfred R., Strauss, Anselm L. (1983): Symbolische Bedingungen der Sozialisation, 2. Bd., Frankfurt/M. u.a.

Luhmann, Niklas (1975): Interaktion, Organisation, Gesellschaft. Anwendungen der Systemtheorie, in: ders, Soziologische Aufklärung 2. Aufsätze zur Theorie der Gesellschaft, Opladen, S. 8-20.

Luhmann, Niklas (1982): Liebe als Passion. Zur Codierung von Intimität, Frankfurt/M.

Luhmann, Niklas (1990): Die Wissenschaft der Gesellschaft, Frankfurt/M.

Luhmann, Niklas (1998): Gesellschaft der Gesellschaft, Frankfurt/M.

Luyendijk, Jordis (2015): Unter Bankern. Eine Spezies wird besichtigt, Tübingen.

Maeder, Christoph (2008): Streiten in der Schule. Zur Ethnosemantik einer alltäglichen Aushandlungsordnung, in: Hünersdorf, Bettina u.a. (Hrsg.), Die Ethnographie der Pädagogik, Weinheim, S. 5-14.

Maeder, Christoph, Brosziewski, Achim, (1997): Ethnographische Semantik: Ein Weg zu Verstehen von Zugehörigkeit, in: Hitzler, Ronald, Honer, Anne (Hrsg.), Sozialwissenschaftliche Hermeneutik. Eine Einführung, Opladen, 335-362.

Malinowski, Bronislaw (1979): Argonauten des westlichen Pazifik. Ein Bericht über Unternehmungen und Abenteuer der Eingeborenen in den Inselwelten von Melanesisch-Neuguinea. Frankfurt/M.

Mannheim, Karl (1980): Strukturen des Denkens, Frankfurt/M.

Mauss, Marcel ([1925] 2009): Die Gabe. Form und Funktion des Austauschs in archaischen Gesellschaften, Frankfurt/M.

Mead, George H. ([1934] 1968): Geist, Identität und Gesellschaft, Frankfurt/M.

Merton, Robert K. (1995): Soziologische Theorie und soziale Struktur, Berlin.

Meyer, John W., Rowan, Brian (1977): Institutionalized Organizations: Formal Structure as Myth and Ceremony, in: American Journal of Sociology (AJS), Vol. 83, No. 2, S. 340-363.

Mensching, Anja (2008): Gelebte Hierarchien. Mikropolitische Arrangements und organisationskulturelle Praktiken am Beispiel der Polizei, Wiesbaden.

Neidhardt, Friedhelm (1979): Das innere System sozialer Gruppen, in: Kölner Zeitschrift für Soziologie und Sozialpsychologie, 31. Jg., Heft 4, S. 639-660.

Nentwig-Gesemann, Iris (2010): Regelgeleitete, habituelle und aktionistische Spielpraxis. Die Analyse von Kinderspielkultur mit Hilfe videogestützter Gruppendiskussionen, in: Bohnsack, Ralf u.a. (Hrsg.), Das Gruppendiskussionsverfahren in der Forschungspraxis, 2., vollständig überarbeitete und aktualisierte Auflage, Opladen und Farmington Hills, S. 25-45.

Oevermann, Ulrich (1985): Kriminalistisches Problemlösen als Strukturgeneralisierung. Elemente einer Theorie der kriminalistischen Handlungspraxis und des inneren Widerspruchs von Bürokratisierung und kriminalistischer Handlungslogik, in: ders., Simm, Andreas (Hrsg.), Zum Problem der Perseveranz in Delikttyp und modus operandi, BKA-Forschungsreihe 17, Wiesbaden, S. 276-293.

Oevermann, Ulrich (1993): Struktureigenschaften supervisorischer Praxis, in: Bardé, Benjamin, Mattke, Dankwart (Hrsg.), Therapeutische Teams. Theorie - Empirie – Klinik, Göttingen und Zürich, S. 141-169.

Oevermann, Ulrich (2002): Klinische Soziologie auf der Basis der Methodologie der objektiven Hermeneutik – Manifest der objektiv hermeneutischen Forschung, Frankfurt/M.

2002, (abrufbar unter: http://www.ihsk.de/publikationen/Ulrich_Oevermann-Manifest_ der_objektiv_hermeneutischen_ Sozialforschung.pdf).

Oevermann, Ulrich (2004a): Sozialisation als Prozess der Krisenbewältigung, in: Veith, Hermann, Geulen, Dieter (Hrsg.), Sozialisationstheorie interdisziplinär. Aktuelle Perspektiven, Stuttgart, S. 155-181.

Oevermann, Ulrich (2004b): Struktureigenschaften künstlerisches Handelns exemplifiziert an Baudelaires Sonnett „A une passente", in: Fischer, Joachim, Joas, Hans (Hrsg.), Kunst, Macht und Institution. Studien zur philosophischen Anthropologie, Soziologischen Theorie und Kultursoziologie der Moderne, Frankfurt/M. und New York, S. 459-477.

Oppitz, Michael (2013): Morphologie der Schamanentrommel, Zürich u.a.

Park, Robert E. (1950): Human Migration and the Marginal Man, in: ders.: Race and Culture, Glencoe, Illinois, S. 345-356.

Parsons, Talcott (1968): Das Vatersymbol: Eine Bewertung im Lichte der psychoanalytischen und soziologischen Theorie, in: ders., Sozialstruktur und Persönlichkeit, 8., unv. Auflage, Eschborn, S. 46-72.

Piaget, Jean (1975): Nachahmung, Spiel und Traum. Die Entwicklung der Symbolfunktion beim Kinde, Stuttgart.

Ranke, Leopold von (1885): Geschichte der romanischen und germanischen Völker von 1494 bis 1514. Zur Kritik neuerer Geschichtsschreiber, Leipzig.

Reckwitz, Andreas (2003): Grundelemente einer Theorie sozialer Praktiken. Eine sozialtheoretische Perspektive, in: Zeitschrift für Soziologie, 32. Jg., Heft 4, S. 282-301.

Reichertz, Jo (1992): „Wenn ich auftauche verschwinden alle!" Erste Begegnung mit dem Forschungsfeld ‚Kriminalpolizei', in: ders., Schröer, Norbert (Hrsg.), Polizei vor Ort. Studien zur empirischen Polizeiforschung, Stuttgart, S. 11-23.

Reichertz, Jo u.a. (Hrsg.) (2009): Jackpot. Erkundungen zur Kultur der Spielhallen, Wiesbaden.

Rosa, Hartmut (2005): Beschleunigung. Die Veränderung der Zeitstrukturen in der Moderne, Frankfurt/M.

Rosa, Harmut (2015): Resonanz. Eine Soziologie der Weltbeziehung, Berlin.

Rosenthal, Gabriele (1995): Erlebte und erzählte Lebensgeschichte, Frankfurt/M.

Rosenthal, Gabriele (2008): Interpretative Sozialforschung. Eine Einführung, Weinheim und München.

Schneider, Christoph (2006): Der Warschauer Kniefall. Ritual, Ereignis und Erzählung, Konstanz.

Schütz, Alfred, Luckmann, Thomas (1979): Strukturen der Lebenswelt, Bd. 1, Frankfurt/M.

Schütz, Alfred (1971): Der Heimkehrer, in: ders., Gesammelte Aufsätze 2, Den Haag, S. 70-84.

Schütz, Alfred (2004): Common-Sense und wissenschaftliche Interpretation menschlichen Handelns, in: Strübing, Jörg, Schnettler, Bernd (Hrsg.), Methodologie interpretativer Sozialforschung. Klassische Grundlagentexte, Konstanz, S. 155-197.

Schütze, Fritz (1983): Biographieforschung und narratives Interview, in: Neue Praxis, 13. Jg., Heft 3, S. 283-293.

Schulze, Gerhard (1992): Die Erlebnisgesellschaft. Kultursoziologie der Gegenwart, Frankfurt/M.

Sennett, Richard (1983), Verfall und Ende des öffentlichen Lebens. Die Tyrannei der Intimität. Frankfurt/M.

Sidis, William James ([1935] 1982): The Tribes and the States, Wampanoag Nation.

Simmel, Georg (1908): Die quantitative Bestimmtheit der Gruppe. In: ders., Soziologie, Berlin, S. 32-100.

Shaw, Clifford ([1930] 1966): The Jack-Roller: A Delinquent Boy´s Own Story, Chicago.

Spradley, James P. (1972): An Ethnographic Approach to the Study of Organizations: The City Jail, in: Brinkerhoff, Merlin B., Kunz, Phillip R. (Hrsg.), Complex Organisations and their Environments, Dubuque, S. 94-105.

Spradley, James, Mann, Brenda J., (1975): The Cocktail Waitress: Woman's Work in a Man's World, New York.

Spencer, Herbert ([1880] 2010): Ceremonial Institutions (Part IV oft he Principles of Sociology), Michigan.

Sperber, Dan (1975): Über Symbolik, Frankfurt/M.

Spradley, James P. (1980): Participant Observation, New York u.a.

Steinke, Ines (2000): Gütekriterien qualitativer Forschung, in: dies. u.a. (Hrsg.), Qualitative Forschung. Ein Handbuch, Hamburg, S. 319-331.

Strauss, Anselm L. (1993): Continual Permutations of Action, New York.

Strauss, Anselm L. (1998): Grundlagen qualitativer Sozialforschung. Datenanalyse und Theoriebildung in der empirischen soziologischen Forschung, 2. Auflage, München.

Strauss, Anselm L., Corbin, Juliet (1990): Grounded Theory. Grundlagen qualitativer Sozialforschung, Weinheim.

Strauss, Anselm L., Corbin, Juliet (1997): Grounded Theory in Practice, California u.a.

Streck, Rebekka u.a. (2013). Das „Fremdwerden" eigener Beobachtungsprotokolle – Rekonstruktionen von Schreibpraxen als methodische Reflexion [65 Absätze], in: Forum Qualitative Sozialforschung 14(1), Art. 16.

Strübing, Jörg (2014): Grounded Theory. Zur sozialtheoretischen und epistemologischen Fundierung des Verfahrens der empirisch begründeten Theoriebildung, 3., überarbeite Auflage, Wiesbaden.

Thomas, William I., Thomas, Dorothy S. (1928): The Child in America: Behavior Problems and Programs, New York.

Tönnies, Ferdinand (1926):Gemeinschaft und Gesellschaft, Grundbegriffe der reinen Soziologie, 6. Auflage, Berlin.

Turner, Victor W. (1998): Liminalität und Communitas, in: Bellinger, Andréa, Krieger, David J. (Hrsg.), Ritualtheorien. Ein einführendes Handbuch, Opladen, S. 251-264.

Turner, Victor (2005): Das Ritual: Struktur und Antistruktur, Frankfurt/M. und New York.

Turner, Victor (2009): Das Liminale und das Liminoide in Spiel, „Fluss" und Ritual, in: ders., Vom Ritual zum Theater. Der Ernst des menschlichen Spiels, Frankfurt/M., S. 2894.

Tyrell, Hartmann (2008): Soziale und gesellschaftliche Differenzierung. Aufsätze zur soziologischen Theorie, Wiesbaden.

van Gennep, Arnold ([1909] 2005): Übergangsriten, 3. erweiterte Auflage. Frankfurt/M. und New York.

Veith, Hermann, Geulen, Dieter (Hrsg.) (2004): Sozialisationstheorie interdisziplinär. Aktuelle Perspektiven, Stuttgart.

Watzlawick, Paul (1969): Man kann nicht nicht kommunizieren, Bern und Stuttgart.

Weber, Max (1976): Wirtschaft und Gesellschaft. Grundriss der verstehenden Soziologie, 5. Aufl., Tübingen.

Weick, Karl E. (1995): Der Prozeß des Organisierens, Frankfurt/M.

Werlen, Benno (2010): Gesellschaftliche Räumlichkeit 2. Konstruktion geographischer Wirklichkeiten, Stuttgart.

Wernet, Andreas (2009): Einführung in die Interpretationstechnik der Objektiven Hermeneutik, Wiesbaden.

White, Leslie (1940): The Symbol: The Origin and Basis of Human Behavior, in: Philosophy of Science, Vol. 7, No. 4, S. 451-463.

Whyte, William F. ([1943] 1996): Street Corner Society, Berlin und New York.

Wicklund, Robert A., Gollwitzer, Peter M (1985): Symbolische Selbstergänzung. In: Dieter Frey, Irle, Martin (Hrsg.): Theorien der Sozialpsychologie, Band 3: Motivations- und Informationsverarbeitungstheorien, Stuttgart u. a., S. 31-55.

Wilson, Thomas P. (1973): Theorien der Interaktion und Modelle soziologischer Erklärung, in: Arbeitsgruppe Bielefelder Soziologen (Hrsg.), Alltagswissen, Interaktion und gesellschaftliche Wirklichkeit, Reinbek, S. 54 -79.

Winter, Jay, Sivan, Emmanuel (Hrsg.) (1999): War and Remenbrance in the 20th Century, Cambridge.

Wittgenstein, Ludwig (1984): Über Gewissheit, Frankfurt/M.

Printed by Printforce, the Netherlands